Koh Kentetsu
Ordinary
84 Recipes

今日、なに食べたい？ コウケンテツ

新潮社

Prologue

僕の最高の幸せ。

写真：新潮社写真部

朝起きて——。

　ちょっと仕事して、
　妻とおしゃべりしながら朝ごはんをつくる。
　子どもたちが起きてきて、おはようを言ったあと、
　息子も加わって一緒につくる。
　娘は真っ先にテーブルについて、
　ごはんの出来上がりを待っている。

お昼ごはん——。

　撮影でつくった大量の料理を、
　スタッフさんと一緒におしゃべりしながら食べる。
　残ったらお土産用にお持ち帰りパックに詰める。
　それでも残ったらご近所さんにおすそわけ。

夜ごはん——。

　保育園のお迎え後、そのままスーパーへ。
　子どもたちと晩ごはんのメニューを考えながらお買いもの。
　そして晩ごはんもみんなで一緒につくる。
　あ、娘はいつもの定位置に。

　おいしいごはんができたら、
　みんなでおしゃべりしながら、モリモリ食べる。
　こんなごはんの日々が最高に楽しい。
　家族がいて、ごはんがある。
　ごはんがあって家族がいる。
　これが最高の幸せ。

コウケンテツ
Koh Kentetsu

Contents

Prologue 僕の最高の幸せ。 ……………………………………………… 2

Chapter.1
肉料理メインの献立

01 / 骨付きガーリックチキン ＋ プチトマトと枝豆のカッテージチーズサラダ ……… 8
02 / かぶと手羽中のあっさり煮 ＋ 厚揚げの田楽 ……………………………… 10
03 / フライドチキン ＋ シーザーサラダ ………………………………………… 12
04 / ニラたっぷり手羽餃子 ＋ キャベツときぬさやの塩炒め ………………… 14
05 / レバニラ炒め ＋ えびと小松菜の春巻き ………………………………… 16
06 / 牛肉とピーマンのオイスターソース炒め ＋ 醤油煮卵 ……………………… 18
07 / 根菜の牛肉巻き焼き ＋ こんにゃくとおかか醤油炒め …………………… 20
08 / 牛肉と玉ねぎの醤油炒め ＋ カリフラワーのわさびマヨサラダ …………… 22
09 / 本格ビーフシチュー ＋ なめらかふわふわマッシュポテト ………………… 24
10 / ごぼうの鶏つくね ＋ 雑穀黒豆栗ごはん ………………………………… 26
11 / ポテトミートグラタン ＋ ブロッコリーのアンチョビ炒め ………………… 28
12 / 緑野菜の和風麻婆 ＋ 春にんじんの炊き込みごはん ……………………… 30
13 / ロールキャベツトマト煮 ＋ ぶつ切りたことパセリのサラダ ……………… 32
14 / 本格ゴーヤチャンプルー ＋ もずくの天ぷら ……………………………… 34
15 / 豚のねぎ生姜あんかけ ＋ トマトのはちみつレモンマリネ ………………… 36
16 / キャベツの豚バラ巻き蒸し ＋ かぼちゃのカレーヨーグルトサラダ ……… 38
17 / 塩肉じゃが ＋ きのこの醤油漬け ………………………………………… 40
18 / れんこん黒酢豚 ＋ 青菜炒め ……………………………………………… 42
19 / 豚バラとキャベツのモツ鍋風 ＋ わかめとうずらの酢味噌和え …………… 44
20 / 五目中華煮 ＋ 辣白菜 ……………………………………………………… 46
21 / 豚バラとれんこんのゆず茶炒め ＋ かきの炊き込みごはん ………………… 48
22 / 柔らか煮豚 ＋ 蒸しレタスの中華風 ……………………………………… 50
23 / 〈もう1品!〉白菜と豚バラの旨煮 ………………………………………… 52

Chapter.2
魚介料理メインの献立

24 / いわしの梅煮 ＋ 刻み野菜の冷奴 ・・・・・・・・・・・・・・・・・・・・・・・・・・・ 54
25 / いかの冷汁 ＋ 豆もやしの炊き込みごはん ・・・・・・・・・・・・・・・・・・・ 56
26 / さばのあっさり野菜煮 ＋ 揚げワンタンのぱりぱりサラダ ・・・・・・・・ 58
27 / サーモンのポテトコロッケ ＋ さつまいものミネストローネ ・・・・・・・ 60
28 / あさりとまいたけのにんにく蒸し ＋ さといものから揚げ ・・・・・・・・ 62
29 / ぶりカツすだちポン酢 ＋ 油揚げとにんじんの煮物 ・・・・・・・・・・・・・ 64
30 / かれいとごぼうの煮つけ ＋ 茶碗蒸し ・・・・・・・・・・・・・・・・・・・・・・・ 66
31 / たいのソテー あさりのゆずクリームソース ＋ ベーコン入りトマトチーズリゾット ・・・ 68
32 / たいのみぞれ煮 ＋ 菜の花の豆腐ソース ・・・・・・・・・・・・・・・・・・・・・ 70
33 / 〈もう1品！〉さけと野菜の揚げびたし ・・・・・・・・・・・・・・・・・・・・・・・ 72

Chapter.3
ごはん・めんものメインの献立

34 / まぐろのユッケ丼 ＋ 炒めわかめスープ ・・・・・・・・・・・・・・・・・・・・・ 74
35 / 薬膳風チキンカレー ＋ きゅうりとキャベツの昆布酢漬け ・・・・・・・・ 76
36 / 春菊と牛肉の炒めごはん とろとろ卵のっけ ＋ だいこんの醤油漬け ・・・ 78
37 / だいこんチキンクッパ ＋ 三つ葉とニラの辛いサラダ ・・・・・・・・・・・ 80
38 / 木の芽風味の簡単たいめし ＋ たいのあらとだいこんのスープ ・・・・ 82
39 / チキンスパイス煮 ＋ アジアンサラダ ・・・・・・・・・・・・・・・・・・・・・・・ 84
40 / 漬け刺身のりゅうきゅう丼 ＋ 根菜の七味味噌汁 ・・・・・・・・・・・・・・ 86
41 / しらすの和風パスタ ＋ 豆腐とおくらの明太和え ・・・・・・・・・・・・・・ 88
42 / 本格ソース焼きそば ＋ 焼き枝豆 ・・・・・・・・・・・・・・・・・・・・・・・・・ 90
43 / 鶏ささみの冷やし中華 ＋ とうもろこしと桜えびのかき揚げ ・・・・・・・ 92

全84品 INDEX ・・・ 94

about COOKING

◎材料は特に表記がない場合、2人分の分量で紹介しています。

◎「だし汁」は「煮干しだし」など特記がない場合、かつおだしを使います。

◎この本で使っている大さじは15㎖、小さじは5㎖、1カップは200㎖です。

◎揚げ油の温度の目安は、低温＝160〜165℃、中温＝170〜180℃、高温＝185〜190℃です。

Chapter.1

今日のメインは
「肉料理」

肉料理はしっとりジューシーに仕上げることが大切。
かたまり肉を茹でるなら、中にぎりぎり火が通る程度、
煮込むならお箸で切れる柔らかさまで。
炒めるには細切りで短時間。
焼くには薄切りにして弱火でじっくりと。
肉の特性に合わせた切り方や調理法を選びます。

RECIPE 01 — Main

骨付き
ガーリックチキン

骨付き肉で見た目も食べごたえも
ボリューム感あり。

鶏肉

[材料]
骨付き鶏もも肉（ぶつ切り）
　……2本分
にんにくの薄切り
　……2かけ分
塩・粗挽き胡椒……各少々
サラダ油……大さじ2
A｜醤油・酒・みりん
　　……各大さじ2 1/2
　｜砂糖……小さじ1

[作り方]
❶骨付き鶏もも肉のぶつ切りに軽く塩、胡椒をしておく。
❷フライパンにサラダ油とにんにくを入れて弱火にかけ、じっくりと焼く。うっすら茶色になったら、一旦火を止め、にんにくを取り出す。
❸鶏肉を皮目を下にしてフライパンに並べ、中火〜弱火で焼き色をつけていく。こんがりした色づきになったら、蓋をして3〜4分蒸し焼きにする。
❹全体に火が通ったら、鶏肉のまわりの余分な油をペーパータオルで拭き取り、合わせておいたAを入れる。肉にからめながら煮詰めていき、とろりとしてきたら皿に移す。
❺❷で取り出したにんにくを砕いて散らし、胡椒をふる。

Process

❷ フライパンを傾けてにんにくを油に浮かすようにじっくり。

❸ 皮目に焼き色がついたら裏返さず、そのまま蓋をして蒸し焼きにするとふっくらした仕上がりに。

❹ 調味料を入れて肉全体にからめながら煮詰める。

Side

プチトマトと枝豆の
カッテージチーズサラダ

[材料]
枝豆（さや付き）……100g
プチトマト……6個
カッテージチーズ……50g
塩・粗挽き胡椒……各少々
オリーブ油……大さじ1

[作り方]
❶枝豆はさやのままたっぷりの熱湯で2分ほど茹でてザルに上げ、粗熱を取る。冷めたらさやから出しておく。
❷プチトマトは縦半分に切る。
❸すべての材料をボウルでさっくりと混ぜて、盛り付ける。

Process

❶ 枝豆をさやから出す。歯ごたえが残るよう、茹ですぎないように。

❸ プチトマトを潰さないように混ぜる。

RECIPE 02 / Main

かぶと手羽中の あっさり煮

鶏手羽のうまみがじっくり出た煮汁が
かぶにしみこんで、ほっとする1品。

鶏肉

[材料]
鶏手羽中……8本
かぶ……4個
だし汁……2〜3カップ
塩・粗挽き胡椒……各少々
A│みりん・酒……各大さじ2
 │醤油……小さじ1
 │塩……小さじ1/3

[作り方]
❶鶏手羽中は骨にそって切り目を入れる。かぶは皮を薄くむいて半分に切り、茎のきれいな部分は好みで5〜10cmに切りそろえる。
❷鍋にだし汁、鶏手羽中を入れて煮立て、アクを丁寧に取りながら中火で10分ほど煮る。
❸A、かぶを加えて落し蓋をし、さらに10分ほど煮る。最後にかぶの茎を加えて2〜3分煮て、塩、胡椒で味を調える。

Process

❷ 鶏手羽中は焼いたりせずにそのままだし汁で煮て、うまみのある澄んだ煮汁を作る。

❸ すぐ柔らかくなるかぶは後から加えて煮崩さないように。色味も良くなるよう醤油は少なめ、塩で味を調える。

Side

厚揚げの田楽

[材料]
厚揚げ……1枚
万能ねぎの小口切り……2〜3本分
A│味噌・酒……各大さじ1
 │砂糖……小さじ1
 │塩……適量

[作り方]
❶厚揚げは熱湯を回しかけ、油抜きする。4等分の短冊に切り、魚焼きグリルの中火で3分ほどこんがり焼く。
❷耐熱容器にAを入れて混ぜ、とろみが出るまで電子レンジで1〜2分ほど加熱する。
❸厚揚げに❷の味噌を塗り、再びグリルで焼いて、味噌を軽く焼きつける。器に移して（好みで串を打っても）、万能ねぎをのせる。

Process

❶ 厚揚げは熱湯をかけて油抜きして臭みも除く。

❸ グリル網にのせたまま味噌を塗ったら、再び加熱……いい匂い！

RECIPE 03 — Main

フライドチキン

カレー風味でスパイシー。
卵と牛乳の衣でさっくり、中はジューシー！

鶏肉

[材料]
骨付き鶏もも肉……2本
A にんにくのすりおろし……2かけ分
　カレー粉……小さじ1/2
　塩・粗挽き胡椒……各小さじ1
　酒……大さじ1
〈衣〉
　卵……1個
　牛乳……1/4カップ
　小麦粉……大さじ6
片栗粉・揚げ油……各適量
添えのグリーンレタス・ミニトマト
　……各適量

[作り方]
❶ 骨付き鶏もも肉は関節部分を折って、半分に切る。味がしみこみやすいよう、それぞれの肉の表面の数カ所にフォークを刺す。
❷ Aを合わせ、肉の1つ1つに行き渡るようにからめて15分ほどおく。
❸ よく混ぜ合わせた〈衣〉を薄く肉全体にまとわせ、さらに片栗粉をたっぷりとまぶす。
❹ 揚げ油を中温に熱し、❸を入れて7～8分ほどを目安にこんがりと揚げる。よく油を切って盛り付け、レタス、ミニトマトを添える。仕上げに好みで胡椒をふりかける。

Process

❷ 肉に味がしみこみやすいよう、手で丁寧にAをからめる。

❸ 衣の上にさらに片栗粉をたっぷり。さっくりのコツ。

❹ こんがりと色づくまでじっくり揚げる。

Side

シーザーサラダ

[材料]
食パン（8枚切り）……1/2枚
オリーブ油……大さじ1
ロメインレタス……1株
A オリーブ油……小さじ1
　にんにくのすりおろし
　　……少々
　塩・粗挽き胡椒……各少々
〈ドレッシング〉
　レモン汁……小さじ1
　マヨネーズ……大さじ2
　プレーンヨーグルト
　　……大さじ1
温泉卵……1個
パルメザンチーズ（すりおろし）
　……大さじ2～3

[作り方]
❶ 食パンは2cm角に切り、熱したオリーブ油大さじ1でカリッとなるまで焼く。
❷ ロメインレタスは食べやすい大きさにちぎり、ボウルに入れる。
❸ Aを加えて全体にからめ、下味をつける。
❹ 最後にレモン汁、マヨネーズ、ヨーグルトを合わせた〈ドレッシング〉をからめて器に盛り、温泉卵、チーズ、❶をトッピングし、好みで胡椒をふる。

Process

❹ できれば仕上げは食べる直前に。時間をおくと水っぽくなるので注意。

RECIPE 04 — Main

ニラたっぷり手羽餃子

うまみがギュッと詰まったボリュームたっぷりな餃子。
つまんでぱくっといただきます!

鶏肉

[材料]
鶏手羽先……12本
豚ひき肉……120g
A│生姜のすりおろし……1かけ分
　│酒・ゴマ油・醤油……各大さじ1/2
　│塩・粗挽き胡椒……各少々
ニラの小口切り……1/2束分
長ねぎのみじん切り……10cm分
サラダ油・ゴマ油……各大さじ1
〈つけだれ〉
│酢・醤油……各適量

[作り方]
❶鶏手羽先は太い方の断面からキッチンばさみを入れて骨と身を切り外し、関節を折って骨を取り出す。
❷ボウルに豚ひき肉を入れ、Aを加えてよく練り混ぜる。粘りが出たらニラ、長ねぎを加えてさらに混ぜる。鶏手羽先の骨を抜いた部分に詰めて、口が閉じるように押さえて整える。
❸フライパンにサラダ油を熱し、❷を並べて両面を焼いていく。焼き色がついたらフライパンに蓋をして2〜3分蒸し焼きし、最後にゴマ油を回しかける。
❹器に盛り、〈つけだれ〉を添える。

Process

❶
断面からはさみを入れて、丁寧に骨を切り外す。

❷
焼くと手羽先が縮むので、口がしっかり閉じられる量を意識して、具を詰める。

❸
両面をこんがりと焼く。

Side

キャベツときぬさやの塩炒め

[材料]
キャベツ……3〜4枚
きぬさや……10枚
にんにくの薄切り……1かけ分
オリーブ油・紹興酒
　……各大さじ1
塩・粗挽き胡椒……各適量

[作り方]
❶キャベツは食べやすい大きさに切る。きぬさやはヘタと筋を取る。
❷フライパンにオリーブ油を熱してにんにくを炒める。キャベツ、きぬさやを加えてさっと炒める。
❸最後に紹興酒をふって混ぜ、塩、胡椒で味を調える。

Process

❷
にんにくは焦がさないよう、フライパンを傾けて油に浮かせるように炒める。

❷
キャベツときぬさやは手早くさっと炒める。

RECIPE 05 — Main

レバニラ炒め

処理のひと手間と生姜の下味で
レバーのクセを抑えた納得のレバニラ。

鶏肉

[材料]
鶏レバー……200g
A │ 生姜のすりおろし
　　　……1/2かけ分
　│ 塩・粗挽き胡椒……各少々
　│ 紹興酒・片栗粉……各小さじ2
ニラ……1束
玉ねぎ……1/4個
もやし……1/2袋
にんにくのみじん切り……1かけ分
豆板醤……小さじ1
サラダ油……大さじ2
B │ 醤油……大さじ1 1/2
　│ 酒……大さじ1
　│ 片栗粉……小さじ1/2

[作り方]
❶鶏レバーは白い部分（脂肪）を丁寧に除き、塩（分量外）を加えた水に10分ほど浸けてから、水気をよく拭く。食べやすい大きさのそぎ切りにして、Aをからめておく。
❷ニラは4～5cmに切り、玉ねぎは5mmの薄切りにする。
❸フライパンにサラダ油大さじ1を熱し、レバーを入れて1切れずつ返しながら両面をよく焼き、一旦取り出す。
❹フライパンの油を拭き、残りのサラダ油大さじ1を熱して、にんにく、豆板醤を炒める。香りが立ったら玉ねぎ、もやしをさっと炒め、ニラを加えてひと混ぜし、レバーを戻す。
❺合わせておいたBを回し入れ、全体に行き渡るように炒める。

Process

❸ 下ごしらえをしたレバーは、先によく焼いておく。

❺ 野菜は手早く炒め、熱の通ったレバーを戻して味つけ。

Side

えびと小松菜の春巻き

[材料] ＊8本分の材料です。
小松菜……1/2束
えび（殻つき）……200g
春巻きの皮……8枚
醤油・ゴマ油……各小さじ1
酒……大さじ1
塩……少々
小麦粉……大さじ1
揚げ油……適量

[作り方]
❶小松菜は根元を除き、2～3cmに切る。
❷えびは殻をむいて酒、塩でもみ、10分ほどおいておく。水洗いして汚れを落とし、水気を拭いてから粗く刻む。
❸❶と❷をボウルに入れ、醤油、ゴマ油を加えて混ぜ合わせる。
❹春巻きの皮の手前に8分の1量の❸をのせ、小麦粉を水大さじ1で溶いたものをのりにして巻いていく。巻き終わりも小麦粉のりでしっかり固定。
❺揚げ油を低温に熱して❹を入れ、ときどき返しながら5分ほど揚げる。全体がきつね色になったら油を切り、そのまま、切り分けて器に盛る。

Process

❹ 皮の手前に具をのせて、巻き始めも小麦粉のりで固定。ふわっと包むとサクサクに。

RECIPE 06 — Main

牛肉とピーマンの
オイスターソース炒め

ピーマンは色よく、
でも、しんなりなので食べやすい！

牛肉

[材料]
牛肉(焼肉用)……200g
A ｜ 塩・粗挽き胡椒……各少々
　｜ 酒……大さじ1
　｜ 片栗粉……小さじ1
緑ピーマン……3個
赤ピーマン……1個
B ｜ オイスターソース・水
　｜ 　……各大さじ1
　｜ 醤油……小さじ2
　｜ 酒……大さじ2
　｜ 砂糖……小さじ1
　｜ 片栗粉……小さじ1/2
サラダ油……大さじ3程度

[作り方]
❶牛肉は1cm幅に切り、Aをからめておく。
❷緑、赤ピーマンは縦半分にして種を取り除いてから横に5mmに切る。
❸フライパンにサラダ油を熱し、ピーマンを強火でさっと炒めて取り出す。続けて牛肉を加え、中火にして肉の色が変わるまで炒める。
❹ピーマンを戻し、合わせておいたBを加えて全体に行き渡るように炒める。

Process

❶ 切った牛肉に塩・胡椒、酒を軽くもみこんで、片栗粉をまぶす。

❸ ピーマンを炒める。繊維を断つ切り方でシャキシャキではなくしんなりとさせる。色よく仕上げるため、先に炒めて取り出し、最後に合体。

Side

醤油煮卵

[材料]
卵……4個
〈煮汁〉
　｜ 生姜の薄切り……3～4枚
　｜ 醤油……大さじ2
　｜ 黒砂糖……大さじ1 1/2
　｜ だし汁……1カップ

[作り方]
❶卵は冷蔵庫から出して常温に戻す。
❷たっぷりの水に卵を入れて火にかける。煮立ってから4分間茹で、すぐに冷水につけてよく冷まし、殻をむいておく。
❸鍋に〈煮汁〉の材料をすべて入れてひと煮立ちさせ、ボウルなど別の器に移して冷ます。
❹煮汁が冷めたら、茹で卵を入れる。色ムラができないよう、ときどき転がして、2時間以上漬け込む。

Process

❷ 半熟卵の殻をむくときは、表面に細かいヒビを多めに作ってから。白身を破かないよう丁寧に。

❹ 黒糖入りの煮汁は色づきがよくコクもあり。卵は浮いた状態になるので、ムラができないように、何度か煮汁の中で転がす。

RECIPE 07 / Main

根菜の牛肉巻き焼き

歯ごたえのいい根菜を巻いた定番おかず。
お弁当にもぴったり。

牛肉

[材料]
牛肩ロース薄切り肉……4枚
A│白炒りゴマ……大さじ1 1/2
　│砂糖・醤油・酒
　│　……各大さじ1 1/2
　│ゴマ油……小さじ1
　│にんにくのすりおろし
　│　……1かけ分
ごぼう……15cm
にんじん……7〜8cm
塩……少々
ゴマ油……大さじ1
添えのグリーンレタス……適量

[作り方]
❶Aを合わせ、広げた牛肩ロース肉全体になじませておく。
❷ごぼうは包丁の背を垂直にあて、スライドさせて皮をこそぎ取り、長さを半分にして縦4つ割にする。にんじんも皮をむき、切ったごぼうの太さにそろえて拍子木切りにする。
❸鍋にたっぷりめの水を入れ、塩少々を加える。切ったごぼう、にんじんを入れて火にかけ、煮立ってから2〜3分でにんじん、5分でごぼうを取り出し、粗熱を取っておく。
❹まな板に牛肉1枚を広げ、ごぼう2本、にんじん1本を目安に巻く。
❺フライパンにゴマ油を熱し、巻き終わりを下にして❹を並べる。巻き終わり部が焼けて落ち着いたら、転がしながら全体をこんがりと焼く。
❻焼き上がったら食べやすい大きさに切り、レタスとともに盛り付ける。

Process

ごぼう、にんじんは茹ですぎ注意。歯ごたえを残す。

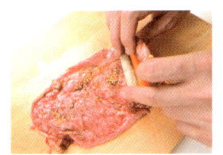
牛肉を広げ、隙間ができないように根菜を巻いていく。

Side

こんにゃくと おかか醤油炒め

[材料]
こんにゃく……1枚
塩……小さじ1
A│醤油・みりん・酒
　│　……各大さじ2
　│砂糖……大さじ1
削り節……5g

[作り方]
❶こんにゃくはスプーンで食べやすい大きさにちぎる。ボウルに入れ、塩を加えてよくもみ、水洗いしてザルに上げて水分を拭いておく。
❷フライパンに❶を入れて中火で乾炒りする。表面が乾いた感じになったら火を止め、合わせておいたAを加え、全体にからませる。
❸再び中火にかけ、ふつふつしたところへ削り節を散らすように入れ、混ぜながら汁気がなくなるまで炒りつける。

Process

こんにゃくはスプーンでちぎって凹凸を作り、味をしみこみやすくする。

煮汁がふつふつ泡立ったら削り節を入れる。削り節は水分を吸いやすいので、手早く炒りつけて全体に味を行き渡らせる。

RECIPE 08 — Main

牛肉と玉ねぎの醤油炒め

とろとろ炒め玉ねぎの甘みに驚く甘辛味。
青じそでさわやかさプラス。

牛肉

[材料]
牛切り落とし肉……250g
玉ねぎ……1個
醤油……大さじ2
青じそ……1束
サラダ油……大さじ1

[作り方]
❶玉ねぎは薄切り、青じそは細切りにする。
❷フライパンにサラダ油を熱し、玉ねぎを焦がさないように中火でじっくり炒める。全体にしんなりして量が2/3ぐらいになるのが目安。
❸牛肉を加え菜箸などでほぐすように炒める。肉の色が変わったら醤油を鍋肌から加えて炒め合わせる。器に盛り、青じそをのせる。

Process

❶ 玉ねぎは繊維にそって、厚さが均一になるように切る。

❷ 焦がさないように火加減に注意。玉ねぎが半透明になり、とろりとなるまで炒める。

❸ 味つけは醤油だけ。鍋肌から少しずつ加えていく。

Side

カリフラワーの わさびマヨサラダ

[材料]
カリフラワー……1/2株
塩……少々
A │ 練りわさび……小さじ1/2
　│ マヨネーズ……大さじ2
　│ 醤油……小さじ1

[作り方]
❶カリフラワーは小房に分けて、塩少々を加えた熱湯で1〜2分固めに茹で、ザルに上げて粗熱を取り、水気を拭きとる。
❷ボウルでAをよく混ぜ合わせ、カリフラワーを加えて全体に行き渡るように和える。

Process

❶ カリフラワーは1〜2分の固茹でに。歯ごたえよく、崩れにくい。

❷ わさびマヨはでこぼこのカリフラワー全体にまとわせるよう、丁寧に和える。

RECIPE 09 — Main

本格ビーフシチュー

缶詰のデミソースにはちみつと醤油を加えて
コクのある深い味わい。

牛肉

[材料]
牛肩ロースかたまり肉
　　……600g
玉ねぎ……1個
にんじん……小1本
マッシュルーム……8個
ローリエ……1枚
塩・粗挽き胡椒……各適量
薄力粉……40g
バター(室温に戻す)
　　……30g
〈ソース〉
　デミグラスソース……1缶
　赤ワイン……1カップ
　トマト……1個
　はちみつ・醤油
　　……各大さじ2
　サラダ油……適量

[作り方]
❶ 牛肉は6～8等分にし、塩、胡椒をふる。玉ねぎは薄切り、にんじんは皮をむいて縦半分にし、長さを4等分にする。〈ソース〉のトマトは2cmの角切りにする。
❷ 鍋に牛肉、玉ねぎ、にんじん、ローリエを入れ、ひたひたになるくらいまで水を加えて火にかける。煮立ったら弱火にし、アクを丁寧に取りながら1時間半～2時間ほど煮る(煮汁が煮詰まってきたら、常に肉が浸る量になるよう湯を足す)。途中、にんじんが柔らかくなったら煮崩れする前に取り出しておく。
❸ 〈ソース〉を作る。フライパンにサラダ油を熱してトマトを炒める。形が崩れてとろりとしたら赤ワインを加え、ひと煮立ちさせる。デミグラスソース、はちみつ、醤油を加えて中火で半量になるまで煮詰める。
❹ 別の鍋で薄力粉とバターを弱火でこげ茶色になるまで炒めたら、❷の煮汁を少しずつ注ぎながらなめらかに混ぜ、なじんできたら煮汁と具をすべて加える。❸を加えて煮立ったらマッシュルームを加え、とろりとするまで煮詰める。最後に塩で味を調える。

Process

❷ 肉と野菜はひたひたにかぶる煮汁量を保ちながら、アクを丁寧に取って煮る。

❹ 薄力粉とバターは焦がさないように火加減に注意し、鍋底を木べらでかき混ぜる。

Side

なめらかふわふわマッシュポテト

[材料]
じゃがいも……2～3個
牛乳……1/2カップ
バター……10g
塩・粗挽き胡椒……各少々

[作り方]
❶ じゃがいもは皮をむいて4等分に切り、耐熱皿にのせてラップをかけ、電子レンジで3～4分加熱する。熱いうちにボウルに移し、マッシャーなどでよく潰す(時間があれば、裏ごし器を使うとよりなめらかに)。
❷ 小鍋に牛乳を入れて沸騰直前まで温める。❶のボウルに少しずつ足しながらふんわりするようにのばしていく。最後にバターを加えてなめらかに混ぜ、塩で味を調えて器に盛り、胡椒をふる。

Process

❶ じゃがいもは熱いうちによく潰す。

❷ 温めた牛乳を少しずつ加えて、程よいふんわり感までじゃがいもをゆるめる。

25

RECIPE 10 | Main

ごぼうの鶏つくね

ごぼうの歯ごたえとゴマたっぷりの
香ばしさがうれしい。

ひき肉

[材料]
ごぼう……50g
白炒りゴマ……大さじ3
〈たね〉
　鶏ひき肉……250g
　玉ねぎのみじん切り
　　……1/4個分
　酒……大さじ1
　片栗粉……大さじ2
　塩・粗挽き胡椒
　　……各少々
〈たれ〉
　醤油・みりん・酒
　　……各大さじ1
　砂糖……小さじ1
サラダ油……適量

[作り方]
❶ 皮をむいたごぼうは小さめのささがきにし、水に10分ほどさらしたらザルに上げ、水気をよく拭く。
❷ ボウルに〈たね〉の材料を入れてよく練り混ぜたら、ごぼうを加えてサックリと合わせる。
❸ 直径20cmほどのフライパンにサラダ油を熱し、まとめたたねを入れて、木べらなどでフライパン全体に広げる。表面にゴマを均等に散らしてくっつけるようになじませる。
❹ 焼き面が色づいたらフライパンにかぶさる大きさの蓋をしてひっくり返し、裏返った状態で滑らせるようにフライパンに戻す。蓋をして弱火で3分焼き、再び裏返す。
❺ たねのまわりの余分な油をペーパータオルなどで拭き、合わせておいた〈たれ〉を回しかけ、フライパンをゆすりながら全体に行き渡るようにからめる。
❻ 食べやすい大きさに切りそろえて、器に盛る。

Process

ささがきは、ごぼうの繊維にそって縦に切り込みを何本か入れて、細かめに作る。

たねの厚さが均等になるように、フライパン全体に平らに広げる。

焼けたゴマ面の上からたれをかけて、全体になじませる。

Side

雑穀黒豆栗ごはん

[材料]
黒豆……30g
栗……10個
雑穀……20g
米……2合
塩……少々

[作り方]
❶ 黒豆はさっと水洗いし、たっぷりの水に5時間ほど浸して戻したら、ザルに上げて戻し汁と分けておく。栗は皮と薄皮をむく。
❷ 炊飯器に洗った米を入れ、2合の目盛りまで黒豆の戻し汁を入れ、塩を加えて全体を混ぜる。❶、雑穀を表面に広げて散らし、水大さじ2を足して普通に炊く。
❸ 炊き上がったら適度に蒸らしてから、全体を混ぜる。

Process

さっと水洗いした黒豆は5時間ほど水に浸して戻す。水分を吸ってふっくらして、弾力が出るぐらいが目安。

戻し汁を目盛りで確認して入れてから、黒豆などの具材を加える。

RECIPE
11

Main

ポテトミートグラタン

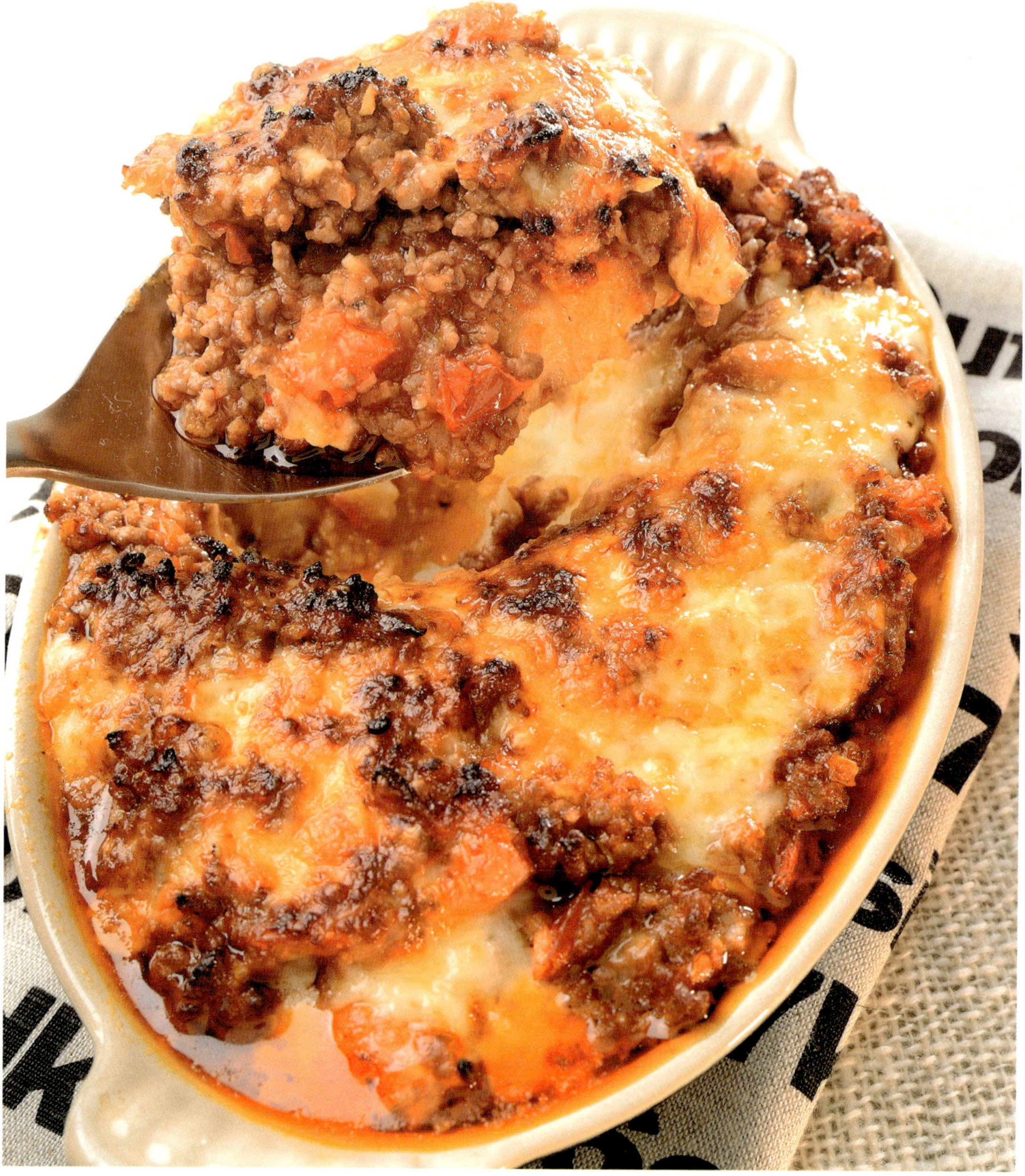

ホワイトソースを使わないほくほくなグラタン。
焼くのはトースターでOK!

ひき肉

[材料]
合いびき肉……300g
じゃがいも……2個
トマト……1個
玉ねぎのみじん切り……1/4個分
セロリのみじん切り……1/2本分
にんにくのみじん切り……1かけ分
トマトケチャップ……大さじ3
牛乳……1カップ
バター……10g
塩・粗挽き胡椒……各適量
サラダ油……大さじ1
ピザ用チーズ……適量

[作り方]
❶ じゃがいもは皮をむいて4等分に切り、水から茹でる。柔らかくなったら湯を捨てて潰す。牛乳、バター、塩、胡椒を加えてよく混ぜる。
❷ フライパンにサラダ油を熱し、玉ねぎ、セロリ、にんにくを全体がしんなりするまで炒める。ひき肉を加えてほぐしながら炒めてから、1cm角に切ったトマト、ケチャップを加え、トマトを潰しながらさらに炒めてとろりとさせ、塩、胡椒で味を調える。
❸ グラタン用の耐熱皿に❶を広げて敷き詰め、❷をかける。好みの量のチーズを散らしてトースターで表面がこんがりするまで焼く。

Process

❶ 潰したじゃがいもに牛乳とバターを加えてベースを作る。

❷ 手軽なトマトソースは、パスタにも使えるすぐれもの。

❸ 加熱済みの具材なので、最後に焼くのはトースターで十分。

Side

ブロッコリーの
アンチョビ炒め

[材料]
ブロッコリー……1/2株
アンチョビ……2〜3枚
オリーブ油……大さじ2
粗挽き胡椒……少々

[作り方]
❶ ブロッコリーは茎も活かして小房に分け、さらに縦に切り分ける。アンチョビはみじん切りにする。
❷ フライパンにオリーブ油を熱してブロッコリーを入れ、途中で何度か返しながら中火でじっくり焼く。柔らかくなったらアンチョビ、胡椒を加えて全体にからめる。

Process

❷ ブロッコリーは房を小さめに切るようにすると均一に火が通りやすく、味もからみやすい。

❷ 味つけはアンチョビと胡椒だけなので、塩加減はアンチョビの量で調節。

RECIPE 12 — Main

緑野菜の和風麻婆

鶏ひきと和風だしであっさり。
三つ葉とニラの食感で食べごたえは十分。

ひき肉

[材料]
鶏ひき肉……200g
ニラ……1/2束
三つ葉……1束
絹ごし豆腐……1丁
にんにく・生姜のみじん切り
　　……各1かけ分
A｜味噌・砂糖……各小さじ1
　｜酒・醤油……各大さじ1
　｜だし汁……1カップ
片栗粉……小さじ2
サラダ油……大さじ1

[作り方]
❶ニラ、三つ葉は7〜8cmに切る。豆腐は2cm角に切る。
❷フライパンにサラダ油を熱し、にんにく、生姜のみじん切りを炒める。香りが立ったら鶏ひき肉を入れてほぐしながら炒める。
❸合わせておいたAを加えて煮立たせ、豆腐、ニラ、三つ葉の順に加え、豆腐を崩さないように全体をなじませながら1〜2分煮る。片栗粉を水大さじ1で溶いて回し入れ、とろみをつける。

Process

鶏ひき肉は混ぜずにほぐしながらバラバラに炒める。

豆腐を入れたら崩さないように、かき混ぜすぎ厳禁。

ニラ、三つ葉は全体に散らすように入れて均一に火を通す。

Side

春にんじんの炊き込みごはん

[材料]
にんじん……1 1/2本
塩……小さじ1/2
昆布……5cm
米……2合
バター……10g

[作り方]
❶にんじんは皮をむいて1本をすりおろして絞り、おろしと絞り汁に分けておく。残り1/2本を粗いみじん切りにする。
❷炊飯器に洗った米を入れ、にんじんの絞り汁をすべて入れてから2合の目盛りまで水を足す。にんじんのおろし、みじん切り、塩を加えて全体をざっと混ぜ、昆布をのせて普通に炊く。
❸炊き上がったら、昆布を取り出して1cm角に刻んで戻し、バターも加えてさっくりと混ぜる。

Process

まず、にんじんの絞り汁を入れ、目盛りまでの水を足す。

おろしにするので、にんじんがたっぷり摂れる。

31

RECIPE 13 — Main
ロールキャベツ トマト煮

カレー風味の肉だねとキャベツの甘み、
トマトの酸味……おいしいはずです。

ひき肉

[材料] ＊1人分2個目安で4人分
キャベツの葉……16枚
塩……適量
厚切りベーコン……4枚
ローリエ……1枚
〈たね〉
　合いびき肉……350g
　パン粉・牛乳……各1/2カップ
　溶き卵……1/2個分
　トマトケチャップ
　　……小さじ1/2
　カレー粉……少々
　玉ねぎのみじん切り
　　……1/4個分
　塩……小さじ1/2
〈トマトソース〉
　トマト缶（ホール）……1/2缶
　にんにくのみじん切り
　　……1かけ分
　ウスターソース・オリーブ油
　　……各大さじ1
　バター……10g
　砂糖……大さじ1/2

[作り方]
1. キャベツは玉から1枚ずつ外し、塩少々を加えた熱湯でしんなりするまで茹でる。ザルに上げて冷めたら、芯の厚みを削いで平らにする。削いだ芯はせん切りにする。
2. 〈たね〉を作る。ボウルに合いびき肉、パン粉、牛乳、塩、ケチャップ、カレー粉を入れて全体をよく練り混ぜる。玉ねぎ、溶き卵を加えてさらによく練ってから8等分にし、それぞれを俵型に整える。
3. 中葉のキャベツにたね1個をのせて隙間ができないように包む。さらに、外葉で包んで巻き終わりやたるんだ部分は隙間に畳み込むように形を整えるとしっかりする。同様に8個分を包む。
4. 3の巻き終わりを下にして鍋に並べ、隙間にせん切りにした芯と長さを半分に切ったベーコンを詰め（煮立って浮き上がるのも防ぐ）、ローリエと水2 1/2カップ、塩少々を入れて火にかけ、煮立ったら弱火にして落し蓋をし、1時間ほど煮る。
5. 〈トマトソース〉を作る。フライパンにオリーブ油を熱し、にんにくのみじん切りをよく炒めてから、他の材料をすべて加える。全体を混ぜたら水1/2カップを加えて7〜8分ほど煮る。
6. 器にロールキャベツ、ベーコンを盛り、まわりに煮汁をはる。最後に5のソースをかける。

Process

③
肉に接する1枚めの葉は隙間を作らないようにきっちり巻き込む。2枚めも煮ているうちに緩まないよう丁寧に巻いて包む。

Side

ぶつ切りたこと パセリのサラダ

[材料]
茹でだこ……100g
パセリ……2枝
セロリ……1/2本
A｜玉ねぎのみじん切り・
　　オリーブ油……各大さじ2
　｜酢……大さじ1
　｜砂糖……小さじ1/2
　｜塩・粗挽き胡椒……各少々

[作り方]
1. 玉ねぎのみじん切りは10分ほど水にさらし、ペーパータオルなどに包んで水気をよく絞る。
2. たこはぶつ切りにする。パセリは粗く刻み、セロリは斜め薄切りにする。
3. ボウルにAを合わせ、たこ、パセリ、セロリを加えてさっと和える。

Process

②
パセリは固い茎を除き、添える手で葉をまとめながら粗く刻む。

③
ドレッシングをまとわせながら和える。

RECIPE 14 — Main

本格 ゴーヤチャンプルー

おなじみのゴーヤチャンプルーが
豆腐の下処理でランクアップ。

豚肉

[材料]
木綿豆腐……1丁
豚バラ薄切り肉……120g
ゴーヤ……1/2本
玉ねぎ……1/4個
もやし……80g
にんにくの薄切り……1かけ分
塩・粗挽き胡椒……各適量
削り節……ひとつかみ
醤油……大さじ1
サラダ油……大さじ2

[作り方]
❶ 木綿豆腐はペーパータオルで包み、電子レンジで3分ほど加熱して、6〜8等分に切る。
❷ ゴーヤは縦半分に切ってワタと種を取り、5mmの半月切りにする。ボウルに入れて塩小さじ1/2を加えてもみ込み、水で洗ってザルに上げ、水気をよく拭いておく。
❸ 豚バラ肉は長さを3等分にし、塩、胡椒する。玉ねぎは1cmのくし切りにする。
❹ フライパンにサラダ油大さじ1を熱し、木綿豆腐の表面をこんがり焼いて取り出す。
❺ 同じフライパンにサラダ油大さじ1を足し、豚バラ肉を炒める。色が変わったらにんにく、ゴーヤ、玉ねぎを加えて中火で炒める。全体に油がなじんだら木綿豆腐を戻し、もやしを加えてさらに炒める。
❻ 醤油を加えて炒め合わせ、塩、胡椒で味を調える。器に盛り、削り節をのせる。

Process

❶ 木綿豆腐は電子レンジを使って水切り。沖縄の島豆腐のしっかり感に近づける。

❷ ゴーヤは塩もみしておくと苦味が和らぐ。

❹ 水切りした木綿豆腐をさらに焼きつけて身を締める。崩れにくく仕上がりもきれい。

Side

もずくの天ぷら

[材料]
もずく……100g
にんじん……1/2本
ツナ缶(小)……1/2缶
小麦粉……50g
塩……少々
揚げ油……適量

[作り方]
❶ もずくは軽く水洗いしてザルに上げ、ペーパータオルなどでしっかりと水分を取る。にんじんは皮をむいてせん切りにする。ツナは缶詰の汁を切っておく。
❷ ボウルに❶を入れ、塩と小麦粉をふり入れて全体によくからませる。最後に水大さじ2を加えてよく混ぜる。
❸ 揚げ油を中温に熱し、❷を大きめのひと口大にまとめて入れ、2分ほど揚げる。

Process

❶ 洗ったもずくはしっかりと水分を取る。

❸ 菜箸でまとめて油の中に入れたら、まわりが固まり始めるまでしばらく待ち、落ち着いたら放す。

RECIPE 15 / Main

豚の
ねぎ生姜あんかけ

ボリューム満点だけど、
ねぎと生姜であと引くさわやかさ。

豚肉

[材料]
豚ロース肉(とんかつ用)……2枚
わけぎの小口切り……2〜3本分
生姜のすりおろし……2かけ分
塩・粗挽き胡椒……各少々
サラダ油……大さじ1
片栗粉……適量
A │ 醤油・酢・みりん・砂糖
　　　……各大さじ2
　│ だし汁……1カップ

[作り方]
❶豚ロース肉は赤身と脂身の境目に切り目を入れて筋切りし、塩、胡椒をして片栗粉を薄くまぶす。
❷フライパンにサラダ油大さじ1を熱し、豚肉を並べて両面をこんがりと焼く。
❸小鍋にAを煮立て、片栗粉小さじ2を同量の水で溶いて加え、とろみをつける。火を止めてからわけぎ、生姜を入れて混ぜ合わせる。
❹肉を器に盛り、❸をかける。

Process

❶ 豚ロース肉は焼いたときにそらないように、筋切りをする。

❷ 肉はこんがり焼く。鶏肉や魚の切り身でも応用できる。

❸ 加熱で風味が飛ぶので、わけぎ、生姜は火を止めてから。

Side

トマトのはちみつレモンマリネ

[材料]
トマト……2個
玉ねぎのみじん切り……1/4個分
オリーブ油……大さじ2
はちみつ・レモン汁
　　……各大さじ1
塩・粗挽き胡椒……各適量

[作り方]
❶トマトはヘタを取って食べやすい大きさのくし切りにする。
❷玉ねぎのみじん切りは水に5分ほどさらしてから水気をよく絞る。
❸ボウルにすべての材料を入れ、混ぜ合わせる。

Process

❷ 玉ねぎのみじん切りは水にさらして辛味を取る。

❸ トマトの酸味によって、はちみつとレモンの量は調節する(酸味多→はちみつ増　酸味少→レモン汁増)。

RECIPE 16 / Main

キャベツの豚バラ巻き蒸し

豚の脂がしみた甘〜いキャベツがたまらない！
手間いらずなのにごちそう感満点。

豚肉

[材料]
キャベツ……1/2個
豚バラ薄切り肉……8枚
にんにくの薄切り……1かけ分
塩・粗挽き胡椒……各少々
酒・ゴマ油……各大さじ1

[作り方]
❶ キャベツは4等分にくし切りし、芯を取る。豚バラ肉は切らずに塩、胡椒をふる。
❷ 切り分けたキャベツ1つ1つに豚バラ肉を2枚ずつ巻く。
❸ 鍋に❷を並べてにんにくを散らし、酒、ゴマ油を回しかけて蓋をし、20分ほど蒸し焼きにする。最後に胡椒をふる。

Process

❶ キャベツを切り分け、芯は残さずに取り除く。

❷ キャベツ1切れに豚バラ肉2枚を巻く。

❸ 食卓にそのまま出せるキャセロール鍋がおすすめ。

Side

かぼちゃのカレーヨーグルトサラダ

[材料]
かぼちゃ……200g
ベーコンスライス……4枚
レーズン……10粒
A 玉ねぎのみじん切り……大さじ3
　 マヨネーズ……大さじ1
　 ヨーグルト……大さじ2
　 カレー粉・砂糖……各小さじ1/3
　 塩・粗挽き胡椒……各適量

[作り方]
❶ 玉ねぎのみじん切りは水に10分ほどさらして、水気をよく絞る。
❷ ベーコンは幅2cmに切り、フライパンでカリッとするまで焼く。
❸ かぼちゃはワタと種を取ってラップに包み、電子レンジで3～4分加熱する。皮を除き、マッシャーなどで潰してからAを入れてよく混ぜる。
❹ ❸に❷とレーズンを加えて混ぜる。器に盛り、胡椒をふる。

Process

❸ 固くて扱いづらいかぼちゃはまず電子レンジで加熱。短時間でほくほくの柔らかさに。

❹ カリカリのベーコンとアクセントのレーズンを加えて、さっくり混ぜる。盛りつけてから、さらにヨーグルトをかけてもOK。

39

RECIPE 17 — Main

塩肉じゃが

あっさり塩味に薬味を効かせ、
あきないおいしさの新感覚・肉じゃが！

豚肉

[材料]
豚バラ薄切り肉……150g
じゃがいも……3個
にんじん……1/2本
玉ねぎ……1/2個
青じそ……5枚
長ねぎ（白い部分）……5㎝
みょうが……1個
塩・粗挽き胡椒……各少々
サラダ油……大さじ1
A｜酒……1/4カップ
　｜砂糖……小さじ1
　｜塩……小さじ1/2

[作り方]
❶豚バラ肉は長さを3等分に切り、塩、胡椒をふる。じゃがいもは皮をむいて半分に切る。にんじんは皮をむいて乱切りにする。玉ねぎは1㎝のくし切りにする。
❷青じそ、長ねぎ、みょうがはせん切りにする。
❸鍋にサラダ油を熱し、豚肉を炒める。色が変わったらじゃがいも、にんじん、玉ねぎを入れて炒め、水1 1/2カップとAを加えて煮立て、アクを取る。落し蓋をして中火で煮る。
❹15分ほど煮たら落し蓋を取り、汁気が少なくなるまで煮詰める。器に盛り、胡椒をふって❷の薬味をのせる。

Process

❸ 野菜全体に油が回るように混ぜながら炒める。

❸ 煮立ったらアクを丁寧に取る。

Side

きのこの醤油漬け

[材料]
しいたけ……6枚
しめじ……1パック
酒……大さじ1
A｜煮干しだし……1カップ
　｜みりん……大さじ3
　｜醤油……小さじ2
　｜塩……小さじ1

[作り方]
❶しいたけは軸を取って半分に切る。しめじは石づきを取ってほぐす。
❷❶をボウルに入れて酒をふり、アルミホイルを敷いたグリルで2〜3分焼く。
❸鍋にAを入れて火にかけ、沸騰したら❷を入れてひと煮立ちさせる。

Process

❷ 酒をふってからグリルで焼くと、風味が増す。

❸ 煮汁に入れたら含ませるようにひと煮立ち。しばらくおくとさらにしみこむ。作りおきして常備菜にも。

RECIPE 18 — Main

れんこん黒酢豚

黒酢とコクのある甘みの黒砂糖の甘酢味で
ごはんがすすむ！ 大きめ肉のごちそう酢豚。

豚肉

[材料]
豚肩ロース肉(とんかつ用)……2枚
〈下味〉
　酒……大さじ1
　醤油……大さじ1/2
　生姜のすりおろし……1/2かけ分
　溶き卵……1/2個分
れんこん(小)……1節
〈黒酢だれ〉
　黒酢……大さじ4
　黒砂糖……大さじ2
　酒・醤油……各大さじ1 1/2
片栗粉・サラダ油……各適量
白髪ねぎ
　　……長ねぎ(白い部分)5cm

[作り方]
❶豚肩ロース肉は大きめのひと口大に切り、合わせた〈下味〉をからませて5分ほどおいて、片栗粉をしっかりとまぶす。れんこんは皮つきのまま1cmの輪切りにする。
❷〈黒酢だれ〉の材料を合わせておく。白髪ねぎは長ねぎのせん切りを水にさらしてザルに上げ、水分をよく拭く。
❸フライパンに多めのサラダ油を熱して❶の豚肉を入れ、3〜4分で両面を揚げ焼きにして取り出す。
❹フライパンの油を拭き取り、❷の黒酢だれと❶のれんこんを入れて2〜3分煮る。豚肉を加えて煮からめ、煮汁がとろりとしたら器に盛り、白髪ねぎをのせる。

Process

❶ 下味に卵を加えるので、片栗粉が付きやすく、厚い衣ができる。

❹ れんこんは歯ごたえを出すため煮すぎないよう。黒酢だれに煮からめると肉の衣が溶け出して、自然なとろみがつく。

Side

青菜炒め

[材料]
小松菜……1/2束
にんにく……1かけ
A　オイスターソース
　　　……小さじ1
　　塩・砂糖……各小さじ1/2
　　水……1/4カップ
ゴマ油……大さじ2

[作り方]
❶小松菜は5cmほどに切って葉と茎に分ける。分けた茎をボウルに入れAをからめておく。
❷にんにくは包丁の腹をあて、上から軽くたたいて潰しておく。
❸フライパンにゴマ油、にんにくを入れて熱し、❶で味つけした茎を調味料ごと加えて強火で一気に炒める。油がなじんだら、分けた葉を加えてさっと炒め合わせる。

Process

❶ 炒め物を短時間でシャキッと仕上げるワザがこれ。先に調味料をなじませておいて、一緒に炒める。

❸ 炒め始めたら強火で一気に。葉物は葉と茎を分けて時間差で炒めるのもシャキッと仕上げるワザ。

RECIPE 19 / Main

豚バラとキャベツの
モツ鍋風

「今すぐモツ鍋が食べたい」あなたへ。
はい、どうぞ！

豚肉

[材料]
豚バラかたまり肉……200g
玉ねぎ……1個
キャベツ……1/4個
ニラ……1束
にんにくの薄切り……2かけ分
赤唐辛子の小口切り（種は除く）
　……2本分
A｜だし汁……4カップ
　｜醤油・みりん……各大さじ2
　｜塩……小さじ1/2

[作り方]
❶豚バラ肉は食べやすい薄切りにする。玉ねぎは5〜6mmのくし切りにする。キャベツは食べやすい大きさに切り、ニラは5〜6cmの長さに切りそろえる。
❷鍋にAを煮立て、玉ねぎ、豚バラ肉、キャベツ、ニラの順で重ねて入れていく。
❸一番上ににんにく、赤唐辛子を散らし、肉、野菜に火が通ったら混ぜながらいただく。

Process

❶ 材料を切ってそろえておく。あとは煮るだけ。

❷ 煮汁を煮立てて材料を順番に加えていく。

❸ 最後ににんにくと赤唐辛子。

Side

わかめとうずらの酢味噌和え

[材料]
乾燥わかめ……5g
うずら生卵……8個
白すりゴマ……大さじ1
〈酢味噌〉
　｜味噌……大さじ2
　｜酒・砂糖・酢……各大さじ1

[作り方]
❶乾燥わかめは水に浸けて戻し、熱湯でさっと茹でて水気を切り、冷めたら水分をよく絞る。
❷沸騰した湯でうずら生卵を2〜3分ほど茹でて殻をむく。
❸小鍋に〈酢味噌〉の材料を合わせて弱火にかけ、混ぜながら少しふつふつさせたあと、冷ましておく。
❹ボウルにわかめ、うずらの茹で卵、白すりゴマと❸を入れて和える。

Process

❸ 酢味噌は加熱しながらよく混ぜる。

❹ ボウルに材料を入れて、酢味噌がなじむように和える。

RECIPE 20 — Main

五目中華煮

野菜がたっぷり摂れる中華おかず。
かければ中華丼、あんかけ焼きそば・ラーメンも。

豚肉

[材料]
豚バラ薄切り肉……150g
玉ねぎ……1/2個
青梗菜……1株
しいたけ……4枚
にんじん……1/2本
ゴマ油……大さじ1
A｜水……2カップ
　｜砂糖・塩……各小さじ1/2
　｜オイスターソース……小さじ1
　｜にんにく・生姜のすりおろし
　｜　……各1かけ分
片栗粉……大さじ1

[作り方]
❶豚バラ薄切り肉は長さを3等分に切る。玉ねぎは2cmのくし切りにする。青梗菜は根付き部分を除いて長さを半分に切り、葉と茎に分ける。しいたけは薄切りに、にんじんは皮をむいて縦半分にしてから6〜7mmの斜め切りにする。
❷フライパンにゴマ油を熱し、豚バラ肉をさっと炒める。
❸❷にAを加えて煮立て、玉ねぎ、にんじん、青梗菜の茎を加えて2分ほど煮る。
❹次にしいたけ、青梗菜の葉を加えてさらに1分ほど煮て、片栗粉を水大さじ2で溶いて回し入れ、とろみをつける。

Process

❷ 最初に炒めるのは豚バラ肉。

❹ 火の通りにくいものから先に入れて煮る。青梗菜の葉が一番最後。

Side

辣白菜
ラー パイ ツァイ

[材料]
白菜……3〜4枚
赤唐辛子の小口切り（種は除く）
　……1本分
塩……小さじ1
ゴマ油……大さじ1
酢……大さじ3
砂糖……大さじ1

[作り方]
❶白菜は柔らかい葉と固い部分に分け、固い部分を長さ5cmに切ってから縦に細切りにする。葉は食べやすい大きさに刻む。
❷ボウルに❶と塩を入れてもみ込み、10分ほどおいてから水分を絞る。
❸フライパンにゴマ油、唐辛子を入れて熱し❷をさっと炒めたら火を止め、熱いうちに酢と砂糖を入れてよく和える。

Process

❷ 炒め時間を短くするため、切った白菜は塩もみしてしんなりさせておく。

❹ 全体に熱が通り、ゴマ油がなじんだらOK。手早く炒める。

RECIPE 21 / Main

豚バラとれんこんの
ゆず茶炒め

人気のゆず茶でさっぱりとした肉炒め。
ぽくぽくの根菜にも合う甘酸っぱさ。

豚肉

[材料]
豚バラ薄切り肉……150g
さつまいも……1本
れんこん(小)……1節
〈ゆず茶〉
| ゆず……1/4個
| はちみつ……大さじ2
サラダ油……大さじ2
酢……大さじ1
塩……適量

[作り方]
❶〈ゆず茶〉を作る。ゆずはよく洗って1/4個分用意する。果汁は絞り、皮の部分だけ薄くせん切りにする。果汁、切った皮、はちみつをよく混ぜてなじませておく。
❷豚バラ肉は長さを3等分に切って塩をふる。
❸さつまいもは皮のまま、れんこんは皮をむいてそれぞれ7〜8mmの輪切りにする。一緒に5分ほど水にさらした後、ザルに上げて水気をよく拭く。
❹フライパンにサラダ油を熱してさつまいも、れんこんを並べて両面をこんがりと焼いて取り出す。続けて豚バラ肉をさっと炒め、色が変わったらさつまいも、れんこんを戻して炒める。
❺ゆず茶と酢を加えて混ぜ合わせ、塩で味を調える。

Process

❶「ゆず茶」はゆずの皮と果汁を砂糖やはちみつで漬け込んだもの。ビタミンCなどの栄養価が高く、お湯を差してお茶として飲まれるほか、料理やデザートなどにも使われる。

❹さつまいも、れんこんはよく焼いて甘みを出す。

Side

かきの炊き込みごはん

[材料]
生かき(むき身)……250g
だいこん……250g
米……2合
三つ葉……1株
塩……小さじ1
ゴマ油……適量
醤油……大さじ1
酒……大さじ3

[作り方]
❶かきは塩水(分量外)の中でふり洗いし、水気をよく拭く。洗った米はザルに上げて30分ほどおく。だいこんは皮をむいて3cmの拍子木に切り、三つ葉は3cmに刻む。
❷鍋にゴマ油を熱し、かき、醤油、酒を入れてさっと炒め、かきが白っぽくなったら火を止めて、かきの身と汁を分ける。分けた汁に水を足して360mlにする。
❸蓋のできる厚手の鍋にゴマ油を熱し、米を入れて軽く炒める。一旦火を止め、❷の汁、塩を加えて混ぜる。だいこんを表面にのせ、蓋をして強火にかけ、煮立ったら弱火にして12分ほど炊く。
❹火を止めてかきをのせ、再び蓋をして10分ほど蒸らす。最後に三つ葉を加えて混ぜる。

Process

❷かきのうまみを出しながら短時間で火を通し、身は炊けたごはんに後から加える。

RECIPE 22 — Main

柔らか煮豚

酢を加えて煮るので柔らかく、
脂もさっぱりしたジューシー煮豚。

豚肉

[材料] ＊作りやすい分量です。
豚肩ロースかたまり肉
　……1本(500〜600g)
青梗菜……1株
塩……少々
長ねぎ(青い部分)……1本分
生姜の薄切り……4〜5枚
A｜酒・醤油・
　｜　オイスターソース
　｜　……各大さじ2
　｜砂糖……大さじ3
　｜酢……大さじ4
ゴマ油……適量

[作り方]
❶ 青梗菜は縦に4つに切り、塩少々を加えた熱湯でさっと茹でて水気を絞る。
❷ 鍋にゴマ油を熱し、豚肉を転がしながら表面をこんがりと焼きつける。
❸ ほどよく焼き色がついたら鍋の余分な脂を拭き取り、長ねぎ、生姜、肉がかぶるぐらいのたっぷりの水を入れて煮立て、アクを取りながら中火で1時間ほど茹でる。途中、茹で汁が減って肉が水面から出るようなら、適量の湯を足す。
❹ 肉を取り出し、茹で汁を1ℓ計って取り、別の鍋に入れる。
❺ ❹にAを加えて豚肉を入れ、落し蓋をしてさらに1時間ほど煮る。煮上がったら肉を薄切りにして、青梗菜とともに器に盛り、煮汁をかける。

Process

❷ 肉は表面を焼きつけてうまみが逃げないようにする。

❸ 水面から出てしまうと肉がパサつくので注意。

❺ 煮つけるときも落し蓋をして、肉が乾かないようにする。

Side

蒸しレタスの中華風

[材料]
レタス……1玉
ゴマ油……大さじ1
塩……少々
A｜醤油・オイスターソース
　｜　……各大さじ1/2
　｜酒……大さじ1

[作り方]
❶ レタスは食べやすい範囲で大きめにちぎる。
❷ フライパンにレタスを入れ、塩とゴマ油をふりかけて蓋をし、弱火にかけて2〜3分蒸す。
❸ しんなりしたら、合わせておいたAを回し入れて手早くからめる。

Process

❸ 調味料が入るとさらにしんなりするので、最後は手早く、シャキシャキ感を残して仕上げる。

51

RECIPE 23 — もう1品！ 豚肉

白菜と豚バラの旨煮

[材料]

豚バラかたまり肉……250g
白菜……2〜3枚
にんじん……1本
乾燥きくらげ……4個
にんにく・生姜のみじん切り
　……各1かけ分
ゴマ油……大さじ1
片栗粉……大さじ1
A │ 酒・醤油・オイスターソース
　│ ……各大さじ1
　│ 砂糖……小さじ1
　│ 水……1 1/2カップ

[作り方]

❶ 豚バラ肉は薄切りにし、白菜は幅があれば半分にして食べやすい大きさのそぎ切りにし、葉と固い部分に分けておく。にんじんは皮をむいて乱切りにする。
❷ 乾燥きくらげは水に浸けて戻し、石づきの固い部分を除いてひと口大に切る。
❸ 鍋にゴマ油を熱し、にんにく、生姜を炒める。香りが出たら豚肉を加えて炒め、色が変わったらA、にんじんを加える。煮立ったらアクを取り、白菜の固い部分、きくらげを加えて中火で10分ほど煮る。
❹ 最後に白菜の葉を加えてさっと煮たら、片栗粉を水大さじ1で溶いて加え、とろみをつける。

煮汁に出た
豚バラ炒めのうまみが
野菜にもしみこんで、
思わず「うまっ！」の旨煮。

Process

❸ アクが出たら取る。野菜は火の通りにくい順に入れていく。

❹ 最後にとろみをつけて出来上がり。

Chapter.2
今日のメインは
「魚介料理」

最近は年間を通していろんな食材が食べられます。
でも特に魚介に関しては、おいしく食べるなら
旬のものを選ぶのが一番だと思います。
そして、魚介の料理は小骨を取る、臭みを消すなど
下処理を省かないのがとても大切。
ちょっとしたひと手間でさらにおいしくなります。

RECIPE 24 — Main

いわしの梅煮

魚の定番ににんにくでコクをプラス。
あじ、さばなどほかの青魚でも。

いわし

[材料]
いわし……大4尾
梅干し……2個
おくら……6本
にんにくの薄切り……1かけ分
生姜のせん切り……1かけ分
A｜水……1カップ
　｜砂糖・みりん……各大さじ1
　｜酒・醤油……各大さじ2

[作り方]
❶いわしは頭を切り落とし、腹に包丁を入れて内臓を出す。流水でよく洗って水分を拭いておく。
❷梅干しは種を取って軽く指で潰す。おくらはガクをむき取って縦に1本、包丁で切り目を入れる。
❸鍋にA、にんにく、梅干しを入れて煮立て、いわしを入れて落し蓋をする。
❹中火〜弱火で15分ほど煮たら、落し蓋を外しておくらを加え、スプーンなどで煮汁をかけながらさらに5分ほど煮る。
❺器に盛り付け、最後に生姜のせん切りをのせる。

Process

❷ 梅干しの種を抜き、軽く潰すと味・風味が出やすい。

❸ 煮汁が煮立ってからいわしを投入。

❹ 彩りのおくらは最後に加えて味をつけながら加熱。

Side

刻み野菜の冷奴

[材料]
絹ごし豆腐……1丁
なす・きゅうり……各1/2本
青じそ……3〜4枚
みょうが……1個
長ねぎのみじん切り……5cm分
A｜削り節……5g
　｜白炒りゴマ・醤油・酢……各大さじ1
　｜生姜のすりおろし……1かけ分

[作り方]
❶なすは粗いみじん切りにして水に5分ほどさらし、水気を絞る。
❷きゅうり、青じそ、みょうがもすべて粗いみじん切りにする。
❸ボウルに❶、❷を入れ、長ねぎのみじん切りとAを加えてなじむようによく混ぜる。
❹1人分の器に半分に切った豆腐を置き、❸をかける。

Process

❶ アクのあるなすは水にさらした後、よく絞る。

❸ 刻んだ野菜、薬味、調味料をすべて合わせてよく混ぜる。

RECIPE 25 | Main

いかの冷汁

食欲のない夏場に最適。火を使わないので
調理もラクチン。よく冷やしてどうぞ。

いか

[材料]
いか(刺身用)……50g
きゅうり……1本
みょうが……2個
ニラ……2〜3本
プチトマト……4個
A │ 味噌……大さじ4
　│ 白炒りゴマ……大さじ2
　│ 酢・レモン汁……各大さじ1
　│ 生姜のすりおろし……1かけ分
　│ ミネラルウォーター……3カップ

[作り方]
❶ Aをよく混ぜて冷蔵庫で冷やしておく。
❷ いかは細切りにする。きゅうりは縦半分に切ってから斜め薄切りにする。みょうがも縦半分に切って薄切りにする。ニラは小口切りに、プチトマトは4等分に切る。
❸ 冷やしたAに❷を加えて混ぜ、再度よく冷やしていただく。

Process

❷ 材料をそれぞれ切る。冷汁は韓国・済州島の郷土料理で、地元で使うのは貝や魚の刺身。今回は手ごろないかの刺身で。

❸ 冷やした汁に材料を混ぜて、さらによく冷やしてから食卓へ。

Side

豆もやしの炊き込みごはん

[材料]
米……2合
大豆もやし……1袋
煮干し……10尾
塩……小さじ1
酒・ゴマ油……各大さじ1

[作り方]
❶ 炊飯器に洗った米、酒、ゴマ油、塩を加えて全体を混ぜ、2合の目盛りまで水を入れる。
❷ ❶に内臓部分を取った煮干し、もやしの順にのせ、普通に炊く。
❸ 炊き上がったら全体をさっくりと混ぜる。

Process

❶ 最初に米と調味料を混ぜる。

❷ 煮干しを入れてから、もやしをたっぷり。多めに見えても火が通ると量が減る。

57

RECIPE 26 Main

さばのあっさり野菜煮

さばのだしがしみた野菜がたくさん摂れる、
ヘルシーおかず。

さば

[材料]
さば切り身……1/2尾分
にんじん……1/4本
玉ねぎ……1/4個
ピーマン……1個
ニラ……2〜3本
ゴマ油……大さじ1
白炒りゴマ……大さじ1
塩……少々
A | 煮干しだし……1カップ
  | 醤油・酒……各大さじ1
  | 砂糖……小さじ1/2
  | にんにくの薄切り……1かけ分
  | 生姜のすりおろし……1かけ分

[作り方]
❶ さばは幅3cmに切る。にんじんは短冊に切り、玉ねぎは1cmのくし切りにする。ピーマンは縦8等分にして種を取り、ニラは4〜5cmの長さに切る。
❷ フライパンにゴマ油を熱し、にんじん、玉ねぎ、ピーマンをさっと炒める。一旦取り出し、ピーマンだけ分けておく。
❸ フライパンの油を拭き、Aを入れて煮立て、❷のにんじん、玉ねぎを戻し入れる。その上にさばを並べてスプーン、お玉などで煮汁をかけ、蓋をして弱めの中火で5分ほど煮る。
❹ 最後に❷で分けておいたピーマンとニラを加えてひと煮立ちさせ、塩で味を調える。器に盛り、白炒りゴマを散らす。

Process

❷ 最初に野菜を炒めたら、ピーマンを分けておく。

❸ 戻したにんじん、玉ねぎにのせるようにさばを並べる。

❹ 分けておいたピーマンとニラは最後に加える。

Side

揚げワンタンの
ぱりぱりサラダ

[材料]
ワンタンの皮……10枚
レタスのせん切り……2枚分
きゅうりのせん切り……1本分
サラダ油……適量
〈ドレッシング〉
  醤油・酢……各大さじ1
  白炒りゴマ・砂糖・ゴマ油
    ……各小さじ1
  生姜のすりおろし
    ……1/2かけ分

[作り方]
❶ ワンタンの皮は細切りにする。レタスときゅうりは合わせておく。
❷ フライパンにサラダ油を多めに熱し、ワンタンの皮を入れてカリッとするまで揚げ焼きにし、油を切っておく。
❸ 器に野菜を盛り、❷をのせる。食べる直前に合わせておいた〈ドレッシング〉をかける。

Process

❶ ワンタンの皮は細切りにする。

❷ 多めの油で焦がさないように揚げ焼きにする。あまりがちなワンタンの皮を冷凍しておけば作れる便利なトッピング。

RECIPE 27 / Main

サーモンの
ポテトコロッケ

パン粉を使わないカロリーカットのコロッケ。
ビールやワインのおつまみにも。

サーモン

[材料]
サーモン切り身……1切れ
じゃがいも……2個
玉ねぎのみじん切り……1/4個分
溶き卵……小さめのもの1個分
粉チーズ……大さじ1
パセリのみじん切り……大さじ2
酒……大さじ1
塩・粗挽き胡椒……各少々
揚げ油……適量
添えのパセリ……適量

[作り方]
❶ サーモンは小骨を取り、塩、胡椒をふる。耐熱皿にのせて酒をふり、ラップをかけて電子レンジで2〜3分加熱する。皮を取ってほぐす。
❷ じゃがいもは皮のまま4等分に切り、耐熱ボウルに入れてラップをかけ、電子レンジで3〜4分加熱する。柔らかくなったら皮をむき、熱いうちに潰す。
❸ ❷にサーモン、玉ねぎ、パセリのみじん切り、粉チーズ、溶き卵を加えてよく混ぜ合わせ、8等分にして俵型にまとめる。
❹ 中温の揚げ油できつね色になるまでこんがりと揚げる。器に盛ってパセリを添える。

Process

❸ 材料を混ぜる。パセリのみじん切りの代わりにディルなどハーブ系を使うと、また違った風味が楽しめる。

❹ 溶き卵がつなぎになって、パン粉がなくてもきれいに揚がる。

Side

さつまいものミネストローネ

[材料]
さつまいも……1本
にんじん……1/2本
玉ねぎ……1/2個
厚切りベーコン……50g
トマト……2個
にんにくのみじん切り……1かけ分
塩・粗挽き胡椒……各適量
サラダ油……大さじ1
白ワイン……大さじ1
ローリエ……1枚
砂糖……小さじ1

[作り方]
❶ さつまいもは皮のまま1cmの輪切りにし、水にさらしておく。
❷ にんじん、玉ねぎは1cm角に、トマトは2cm角に切る。ベーコンは1cm幅に切る。
❸ 鍋にサラダ油を熱し、ベーコン、玉ねぎ、にんじんの順で野菜がしんなりするまで炒める。
❹ にんにくを加えて香りが立ったら、トマトを加え、白ワイン、塩、胡椒をふってさらに炒める。
❺ 水3カップ、ローリエ、さつまいも、砂糖を加えて5分ほど煮る。塩、胡椒で味を調える。

Process

❹ 炒めの最後にトマトを加える。他の根菜などを加えてもOK。

RECIPE 28 / Main

あさりとまいたけの
にんにく蒸し

あさりのだしがしみたまいたけが美味！
あさりは火を通しすぎずにふっくらを目指す。

あさり

[材料]
あさり(殻つき・砂抜き済み)……300g
まいたけ……1パック
わけぎ……1～2本
にんにくのみじん切り……2かけ分
ゴマ油……大さじ1
酒……1/4カップ
醤油……大さじ1

[作り方]
❶まいたけは食べやすい大きさにほぐす。わけぎは1cmの斜め切りにする。
❷フライパンにゴマ油、にんにくを入れて熱し、十分に香りが立つまで炒める。あさり、まいたけを入れて軽く炒め、酒をふって蓋をし、あさりの口がすべて開くまで蒸す。
❸醤油、わけぎを加えてさっと炒める。

Process

❷ にんにくは香りを立ててよく炒めること。炒め足りないと辛味が出る。

❸ あさりのだしがたっぷり出ているので、味つけは醤油でシンプルに。

Side

さといものから揚げ

[材料]
さといも(小)……8～10個
醤油……大さじ1 1/2
にんにく・生姜のすりおろし
　……各1かけ分
塩……少々
片栗粉……適量
揚げ油……適量

[作り方]
❶さといもは皮をむいて、塩でもんでから軽く水洗いする。耐熱皿にのせてラップをかけ、2～3分加熱する。
❷さといもが熱いうちに醤油、にんにく、生姜をからめて10分ほどおく。
❸片栗粉をまぶし、中温の揚げ油でこんがりと揚げて、油をよく切る。

Process

❶ さといもはあらかじめ加熱するので、揚げるときはこんがりになればOK。

❸ 油に入れたら、菜箸でコロコロ回しながら揚げ色をつける。

RECIPE 29

Main

ぶりカツ
すだちポン酢

ぶりの意外なおいしさ発見！
すだちポン酢で引き立つ上品な脂。

ぶり

[材料]
ぶり切り身……2切れ
塩・粗挽き胡椒……各少々
酒……大さじ1
小麦粉・溶き卵・パン粉……各適量
揚げ油……適量
だいこんおろし
　……だいこん200g分
〈すだちポン酢〉
　｜醤油……大さじ1 1/2
　｜すだちの絞り汁……1個分
　｜酢……大さじ1
　｜みりん……大さじ1/2
添えのすだち・レタス……各適量

[作り方]
❶ぶりに塩、胡椒、酒をふり、5分ほどおいてから水気を拭く。小麦粉、溶き卵、パン粉の順につける。
❷だいこんおろしは水分を軽く絞る。〈すだちポン酢〉の材料を合わせ、電子レンジで20秒ほど加熱して冷ます。
❸揚げ油を高温に熱し、❶を入れて2分ほど揚げる。きつね色になったら取り出し、油を切る。
❹器に盛ってだいこんおろしをのせ、すだちポン酢をかける。レタス、すだちを添える。

Process

❶ 魚臭さを抑える酒をなじませた後は、余分な水分をよく拭いておく。

❸ 肉に比べ、熱が通りやすい魚のフライは高温・短時間でOK。油を切る間に余熱も通る。

Side

油揚げとにんじんの煮物

[材料]
にんじん……2本
油揚げ……1枚
A｜だし汁……1 1/2カップ
　｜醤油・酒……各大さじ1
　｜砂糖・みりん
　｜　……各小さじ2

[作り方]
❶にんじんは皮をむいて大きめの乱切りにする。
❷油揚げは沸騰した湯にくぐらせて油抜きし、冷めたら幅2cmに切る。
❸鍋ににんじん、❷、Aを入れて煮立て、沸騰したら中火にして煮汁が少なくなるまで煮詰める。

Process

❷ 油抜きのひと手間で揚げ特有の臭いが抜け、味も入りやすくなる。

❸ 「にんじんはちょっと」という人には、揚げと好相性のだいこんでも。

RECIPE 30 | Main

かれいと
ごぼうの煮つけ

不動の人気の黄金コンビ。身はふわっと仕上げ、
味は煮詰めた煮汁をかけてしっかり。

かれい

[材料]
かれい切り身……2切れ
ごぼう……1本
生姜の薄切り……3〜4枚
A｜醤油・みりん・酒
　　　……各大さじ3
　｜砂糖……大さじ1
　｜水……1 1/2カップ
白髪ねぎ
　……長ねぎ(白い部分)5cm

[作り方]
❶かれいは皮目に切り目を入れる。ごぼうは包丁の背を使って皮をこそげ、5cmの棒状に切る。
❷フライパンにA、生姜の薄切り、ごぼうを入れて煮立てる。かれいを加えて落し蓋をし、弱火で15分ほど煮る。途中、何度か蓋を取って、スプーン、お玉などで煮汁を回しかける。
❸かれいだけ取り出して、器に盛る。煮汁はさらに煮詰めて、とろみが出てきたらかれいにかけ、ごぼう、白髪ねぎ(43頁参照)を添える。

Process

❶ かれいの皮に十字の切り目を入れる。

❷ 煮立ったらかれいを入れる。煮すぎずにふわっと煮上げる。

❸ かれいを取り出して、ごぼうは残したまま煮汁を煮詰める。

Side

茶碗蒸し

[材料]
鶏ささみ……1本
しいたけ……1枚
醤油・酒……各小さじ1/2
茹で銀杏(なくても)……6個
卵……1 1/2個
だし汁(冷えているもの)
　……225ml
A｜醤油・みりん・酒
　　　……各小さじ1/2
　｜塩……小さじ1/4
三つ葉の葉部分……適量

[作り方]
❶鶏ささみは6等分にそぎ切り、しいたけは薄切りにし、ボウルで一緒に合わせて醤油、酒で下味をつける。
❷卵は泡立てずに卵白を切るようにほぐす。だし汁にAを合わせ、少しずつ卵に加えて混ぜ、最後に濾し器を通して濾す。
❸茶碗蒸し用の器にささみ、しいたけ、銀杏を半量ずつ入れ、❷の卵液を静かに注ぎ入れる。泡ができたら、ペーパータオルの角で吸い取る。
❹蒸気の出た蒸し器に間隔をあけて❸を並べ、隙間ができないよう布巾で包んだ蒸し器の蓋をぴったりと閉じる。
❺強火で1分、弱火にして5〜6分蒸す。表面にうっすらと澄んだ汁が上がったら、中央に竹串を刺し、生の卵液が出なければOK。最後に三つ葉をのせる。

Process

❸ 卵液を注ぐときは静かに入れて空気が入らないように。

RECIPE 31 — Main

たいのソテー
あさりのゆずクリームソース

上品な白身魚にあさりだしの効いた
和風クリームソースで豪華なおかず。

たい

[材料]
たい切り身……2切れ
あさり（殻つき・砂抜き済み）
　……12個
塩・粗挽き胡椒……各適量
小麦粉……適量
オリーブ油……大さじ3
にんにくのみじん切り……1かけ分
白ワイン・生クリーム
　……各1/4カップ
ゆずの絞り汁……小さじ1
ゆずの皮のすりおろし……適量

[作り方]
❶たいは塩、胡椒をふり、薄く小麦粉をまぶす。
❷フライパンにオリーブ油大さじ2を熱し、❶を並べてスプーンで油をかけながら両面をこんがり焼き、皮目がきつね色になったら取り出す。
❸フライパンをきれいに拭き、残りのオリーブ油大さじ1とにんにくを入れて熱し、香りが立ったらあさりと白ワインを加える。蓋をしてあさりの口がすべて開くまで蒸して、あさりを取り出す。
❹残った蒸し汁を濾し器を通して濾し、フライパンに戻して軽く煮詰める。
❺❹に生クリーム、ゆずの絞り汁を加えてさらに煮詰め、とろりとしたら塩、胡椒で味を調える。
❻器の中心に❷のたいをおき、まわりに❸のあさりを盛って❺をかけ、胡椒をふり、ゆずの皮を散らす。

Process

たいは油をかけながら皮がパリッとするように焼く。

フライパンに蓋をしてあさりを蒸して、蒸し汁を出す。

煮詰めた蒸し汁に生クリーム、ゆずの絞り汁を加える。

Side

ベーコン入り トマトチーズリゾット

[材料]
ベーコンスライス……2〜3枚
玉ねぎのみじん切り……1/4個分
トマト缶（ホール）……1缶
にんにくのみじん切り
　……1かけ分
白ワイン……1/4カップ
パルメザンチーズ……20g
米……1合
オリーブ油……大さじ1
塩・粗挽き胡椒……各適量
イタリアンパセリ……適量

[作り方]
❶米は軽く洗ってザルに上げ、水気をしっかり切る。ベーコンは1cm幅に切る。ホールトマトはボウルに移して手で潰す。
❷フライパンにオリーブ油を熱し、にんにく、玉ねぎを炒め、しんなりしたらベーコン、米を加えてさらに炒める。
❸米に油がなじんで透き通った感じになったら、白ワインを加えて煮立て、❶のホールトマト、塩小さじ1/2を加えて混ぜる。
❹水1/2カップを入れて全体に行き渡らせたら弱火にして煮る。水分が少なくなるたびに少量ずつ水を足す（足す全量は1/2〜1カップ）。かき混ぜすぎると米が潰れてべちゃっとなるので注意。
❺好みの固さになったらすりおろしたパルメザンチーズを加えて混ぜ、塩、胡椒で味を調える。器に盛り、胡椒をふり、細かくちぎったイタリアンパセリを散らす。

RECIPE 32 | Main

たいのみぞれ煮

淡白な白身魚に煮汁を含んだみぞれがからみ、
白いごはんがすすむ。

たい

[材料]
たい切り身……2切れ
塩……少々
小麦粉・サラダ油……各適量
だいこんおろし……だいこん200g分
しめじ……1房
A | 酒・醤油・みりん……各大さじ2
　| だし汁……1カップ
わけぎの小口切り……1本分

[作り方]
❶たいは塩をふって小麦粉を薄くまぶす。だいこんおろしは水分を軽く絞る。しめじは石づきを取ってほぐしておく。
❷フライパンにサラダ油を熱し、たいを並べて中火でこんがりと焼き、取り出してペーパータオルなどの上においで油を切る。
❸フライパンの油を拭き取り、Aを入れて煮立て、しめじ、❷のたいを加えてさっと煮る。
❹だいこんおろしを加えて、全体がなじんだら器に盛り、わけぎをのせる。

Process

❶ 煮汁の味を薄めてしまわないように、だいこんおろしの水分は軽く絞っておく。

❹ 最後にだいこんおろしを加えるので、煮汁は少し濃いめ。

Side

菜の花の豆腐ソース

[材料]
菜の花……1束
醤油……小さじ1
絹ごし豆腐……100g
白練りゴマ……小さじ2
塩……小さじ1/3
砂糖……小さじ1
白すりゴマ……適量

[作り方]
❶菜の花は半分に切り、塩少々（分量外）を加えた熱湯に茎、葉の順に入れて2分ほど茹でて、水に取る。
❷❶の水を絞り4〜5cmほどにそろえて切る。醤油を回し入れてからめる。
❸絹ごし豆腐は水気を切ってからボウルに入れ、泡だて器などでなめらかにする。練りゴマ、塩、砂糖を加えて混ぜる。
❹菜の花を器に盛り、❸の豆腐ソースをかけ、すりゴマをふる。

Process

❷ 茹でた菜の花に醤油で下味をつけておく。味がしみて、水っぽくならない。

❸ 木綿豆腐だとなめらかにならないので、絹ごし豆腐で。

71

RECIPE 33

もう1品！　　さけ

さけと野菜の揚げびたし

[材料]

さけ切り身……2切れ
塩・粗挽き胡椒……各少々
小麦粉……適量
なす……2本
かぼちゃ……100g
さやいんげん……4本
赤ピーマン……2個
揚げ油……適量
生姜のすりおろし……2かけ分
A │ だし汁……1カップ
　│ 醤油……大さじ3
　│ 砂糖……大さじ1

[作り方]

❶さけは大きめのひと口大に切って、塩、胡椒をふり、小麦粉を軽くまぶす。

❷さけの大きさに合わせて、なすは斜め切り、かぼちゃは種とワタを取って7〜8mmの薄切りにする。さやいんげんは長さを半分に、赤ピーマンは縦半分にして、種を取る（大きければ縦4等分に）。

❸揚げ油を中温に熱し、❷の野菜を種類ごとに色よく揚げて、油を切る。最後に❶のさけもこんがりと揚げて、油を切る。

❹❸をバットなどに重ならないように並べる。

❺小鍋に合わせたAを入れて煮立て、熱いうちに❹にかけてしばらく浸けておく。味がなじんだらたれごと器に盛り付け、生姜をのせる。

魚のおかずでも
揚げ野菜がたっぷりで
食べごたえあり。

Process

❸ 油に臭いが移るさけは野菜の後に揚げる。

❺ 浸けだれが熱いうちに材料にかけると、味がしみやすい。

Chapter.3

今日のメインは
「ごはん・めんもの」

日本人の白米消費量が減っているそうで残念！
何にでも合うごはんは、手軽な一番のごちそうです。
めんものも手軽な1品ですが、
伸びたり乾いたりさせないためには段取りが大切。
不安なときは、スープやソースを完成させてから
めんを茹で始めてもまったく問題ありません。

RECIPE 34　Main

まぐろのユッケ丼

ガツンと元気が出るお手軽どんぶり。
豪快に混ぜてモリモリ食べよう。

ごはんもの

[材料]
まぐろの刺身……150g
みょうが……2個
白髪ねぎ……長ねぎ(白い部分)10cm
きゅうり……1/2本
青じそ……2〜3枚
A　醤油……大さじ1 1/2
　　にんにく・生姜のすりおろし
　　　……各1/2かけ分
　　砂糖・粉唐辛子……各小さじ1
　　ゴマ油……小さじ2
　　白炒りゴマ……大さじ1
長ねぎのみじん切り……5cm分
卵黄……2個分
温かいごはん……どんぶり2杯分

[作り方]
❶みょうがは縦半分にして、斜め薄切りにする。白髪ねぎは長ねぎのせん切りを水にさらしてザルに上げ、水分をよく拭く。きゅうりは斜め薄切りにしてからせん切りにする。青じそは細切りにする。
❷まぐろは包丁で粗くたたき、合わせたAと混ぜ合わせる。仕上げに長ねぎのみじん切りをさっくりと混ぜる。
❸器にごはんを盛り、❶をきれいに盛り付け、❷と卵黄をのせる。

Process

❷ 包丁を両手に持ってたたくと効率的。

❷ 調味料を加えて時間をおくと水分、臭みが出るので注意。

❸ 薬味野菜は1種類ずつきれいに盛り付ける。

Side

炒めわかめスープ

[材料]
煮干し……15尾程度
乾燥わかめ……5g
ゴマ油……大さじ1
にんにくのすりおろし
　……1かけ分
酒……1/4カップ
醤油……小さじ2
長ねぎの小口切り……10cm分
塩・粗挽き胡椒……各適量
白炒りゴマ……大さじ1

[作り方]
❶煮干しは内臓部分を取り、2 1/2カップの水に20分ほど浸けておく。
❷乾燥わかめは水に浸けて戻し、食べやすい大きさに切って水気を絞る。
❸鍋にゴマ油を熱し、にんにく、わかめを炒める。香りが立ったら酒、❶を煮干しごと加えて煮立て、アクを取りながら3〜4分煮る。
❹最後に醤油、長ねぎを加え、塩、胡椒で味を調える。器によそい、炒りゴマを散らして、好みで胡椒をふる。

Process

❶ 煮干しの内臓は苦味があるので除いておく。

❸ わかめはにんにくと炒めてから煮干しだしで煮る。

75

RECIPE 35 / Main

薬膳風チキンカレー

滋養強壮や胃腸を整える効果のある漢方食材たっぷり。
味噌とはちみつで深いコク。

ごはんもの

[材料]
鶏もも肉……1枚
玉ねぎのみじん切り……1/2個分
にんにくのみじん切り……1かけ分
トマト（1cmの角切り）……1個分
生姜の細切り……2かけ分
干しなつめ……6〜8個
松の実・クコの実……各適量
酢……適量
カレー粉……大さじ2
クミンシード……大さじ1
味噌……大さじ1
はちみつ……小さじ1
塩・粗挽き胡椒……各適量
オリーブ油……大さじ1
温かい雑穀ごはん
　　……ごはん茶碗2杯分

[作り方]
❶ 鶏もも肉はひと口大に切って、塩、胡椒をふる。
❷ 干しなつめは水洗いし、種のまわりをむくように果肉を取る。松の実は乾炒りし、クコの実は酢にさっと浸ける。
❸ フライパンにオリーブ油を熱し、玉ねぎを炒める。にんにく、鶏もも肉を加えて炒め、続けてトマト、生姜、クミンシードを加えて炒める。
❹ ❸の香りが立ってきたらカレー粉を加え、塩小さじ1/2、水3カップ、なつめを加えて弱火で15分ほど煮る。
❺ 味噌、はちみつを加え、塩、胡椒で味を調える。
❻ 雑穀ごはんを1人分ずつ皿に盛り、❺をかけ、松の実、クコの実を散らす。

Process

❷ 干しなつめは水洗いし、種のまわりをむいて果肉を取る。

❸ 生姜、クミンシードでカレーに欠かせない香りが出る。

❺ 最後に味噌、はちみつを加えて、コクとまろやかさを出す。

Side

きゅうりとキャベツの昆布酢漬け

[材料]
キャベツの葉……100g
きゅうり……1/2本
昆布……5cm
A｜酢……80㎖
　｜砂糖……大さじ1 1/2
　｜塩……小さじ2/3
　｜生姜の薄切り……3〜4枚

[作り方]
❶ 昆布は水80㎖に浸けて戻し、細切りにする。
❷ キャベツはひと口大に切る。きゅうりは7〜8mmの輪切りにする。
❸ 鍋に❶の昆布と戻し汁を入れ、Aを加えて火にかけ、煮立ったら火を止める。すぐに❷の野菜を入れて全体を混ぜる。
❹ ボウルに移して粗熱を取り、冷蔵庫で2〜3時間以上漬ける。

Process

❶ 水で戻した昆布は細切りにして野菜と一緒に漬ける。

❸ 漬け液が煮立って火を止めたら、すぐに材料を加える。ピクルスの要領。

RECIPE 36 — Main

春菊と牛肉の炒めごはん とろとろ卵のっけ

甘辛味の炒めごはんに半熟卵。
ひと味ちがうオムライス風。

ごはんもの

[材料]
牛こま切れ肉……100g
春菊……2〜3本
長ねぎの小口切り……1/2本分
塩・粗挽き胡椒……各少々
A | 醤油・酒……各大さじ1 1/2
　| 砂糖……小さじ2
溶き卵……2個分
サラダ油……大さじ2
七味唐辛子……適量
温かいごはん……ごはん茶碗2杯分

[作り方]
❶春菊は2cmに切り、葉と固い茎に分けておく。牛肉は粗く刻み、塩、胡椒をふる。
❷フライパンにサラダ油大さじ1を熱し、牛肉を中火で炒める。色が変わったら春菊の茎を加えてさっと炒める。ごはんを加えてほぐしながら炒め、合わせておいたAを回し入れて全体にからめる。
❸最後に春菊の葉と長ねぎを加えて素早く混ぜ、器に盛る。
❹別のフライパンに残りのサラダ油大さじ1を熱し、溶き卵を流し入れて菜箸で大きく混ぜ、半熟になったら❸にのせて、七味をふる。

Process

❶ 牛こま切れ肉は全体をまとめて粗く刻んでおく。

❷ ごはんを炒めたら、濃いめの甘辛たれを鍋肌から回し入れて全体にからめる。

Side

だいこんの醤油漬け

[材料]
だいこん……200g
昆布……3cm
醤油……1/4カップ
酒・酢……各大さじ1
にんにく・生姜の薄切り
　……各1かけ分
赤唐辛子の小口切り
　（種は除く）……1本分

[作り方]
❶だいこんは皮のまま長さ4〜5cmの棒状に切る。
❷鍋に昆布、水2/3カップを入れて煮立てたあと、昆布を取り出し細切りにしておく。
❸❷の昆布だしに醤油、酒、唐辛子を加えて再び煮立てたら火を止める。にんにく、生姜、だいこん、酢、❷の昆布を加えて全体を混ぜ、しばらくおく。

Process

❷ 昆布だしを作り、取り出した昆布は細切りにして一緒に漬ける。

❸ だいこんは歯ごたえよく仕上げるためちょっと太めに切る。できればひと晩漬けると味がよくしみる。野菜はにんじんやセロリでもOK。2〜3日は保存がきくので、常備菜にも。

RECIPE 37 — Main

だいこんチキンクッパ

鶏だしがじんわりしみただいこんの甘み……
絶品クッパ。

ごはんもの

[材料]
骨付き鶏もも肉（ぶつ切り）
　……400〜500g
長ねぎ……1/2本
だいこん……200g
にんにくの薄切り……1かけ分
塩・粗挽き胡椒……各適量
酒……1/2カップ
みりん・醤油……各大さじ1
ゴマ油……大さじ1
温かいごはん
　……ごはん茶碗2杯分

[作り方]
❶骨付き鶏もも肉はよく洗い、水気を拭き取ってから塩、胡椒をふる。
❷長ねぎは1cmの斜め切り、だいこんは皮をむいて乱切りにする。
❸フライパンにゴマ油を熱してにんにくを入れ、鶏肉を並べてこんがりと焼き色をつける。
❹だいこんを加えてさっと炒め、水4カップ、酒を加えて煮立ったらアクを取り、少しずらして蓋をしながら中火で30分ほど煮る。途中、アクが出たら丁寧に取る。
❺みりん、醤油、長ねぎを加えてひと煮立ちさせ、塩、胡椒で味を調えて器に盛る。
❻❺にごはんを入れながらいただく。

Process

❹ だいこんは肉などの臭みを取ってくれる。途中、アクは丁寧に取ってきれいなスープに仕上げる。

❺ 骨付き肉からよくだしが出るので、味つけは薄めに。

Side

三つ葉とニラの辛いサラダ

[材料]
三つ葉……1束
ニラ……3〜4本
醤油……大さじ1
白炒りゴマ・粉唐辛子
　……各小さじ1

[作り方]
❶三つ葉、ニラは3〜4cmに切る。
❷醤油、白炒りゴマ、粉唐辛子をボウルに入れて合わせ、❶を入れて和える。

Process

❶ 野菜は3〜4cmに切る。ねぎ、春菊などほかの香味野菜でもOK。

❷ 辛味のドレッシングをまとわせたら出来上がり。メインの「だいこんチキンクッパ」にのせてもおいしい。

RECIPE 38 — Main

木の芽風味の
簡単たいめし

おめでたい席にも合う手軽なたいめし。
昆布混ぜごはんにするのがポイント。

ごはんもの

[材料]
たい切り身……2〜3切れ
米……2合
昆布……10cm
酒……大さじ1
木の芽……適量

[作り方]
❶炊飯器に洗った米を入れて酒をふり、2合の目盛りまで水を入れて30分ほどおく。
❷たいは小骨を取って塩水で洗い、水気を拭いてグリルで焼き色がつくまで焼く。昆布は濡れ布巾でさっと拭いておく。
❸❶に❷のたいと昆布をのせ、普通に炊く。
❹炊き上がったらたいと昆布を取り出す。昆布は長さ3〜4cmの細切りにし、ごはんに混ぜ込む。ごはんを器に盛り、たいをのせ、木の芽を散らす。

Process

❶ 米に先に酒をふってから、2合の目盛りまで水を入れる。

❷ たいをあらかじめ焼くと、魚臭がとれ、香ばしくなる。

❸ たい、昆布をのせて炊く。

Side

たいのあらとだいこんのスープ

[材料]
たいのあら……1尾分
だいこん……100g
長ねぎ……1本
せり……2〜3本
昆布……10cm
にんにくの薄切り……2かけ分
赤唐辛子（ヘタと種は除く）……2本
酒……1/2カップ
醤油……小さじ1
塩……適量

[作り方]
❶水4カップに昆布を入れて30分ほどおく。
❷たいのあらはうろこを取り、ザルにのせて熱湯を両面に回しかけ、にじんだ血などの汚れを洗っておく。
❸だいこんは皮をむいて長さ3〜4cmの短冊切りに、長ねぎは5mmの斜め切りにする。せりは4〜5cmに切る。
❹❶の昆布だしに酒を入れて火にかけ、煮立つ直前に昆布を取り出す。にんにく、赤唐辛子、塩小さじ1/2、❷のあらを加え、15分ほどアクを取りながら弱めの中火で煮る。
❺だいこん、長ねぎを加えて4〜5分煮てから、醤油、塩で味を調えて、最後にせりを加える。

Process

❷ あらはうろこを取り、両面に熱湯を回しかけて臭みを抜く。

RECIPE 39 — Main

チキンスパイス煮

ココナツミルクでタイ風なチキンカレーに。
香菜はお好みで。

ごはんもの

[材料]
鶏もも肉……1枚
じゃがいも……2個
トマト缶(ホール)……1/2缶
玉ねぎのみじん切り……1/2個分
ココナツミルク……1/2カップ
にんにく・生姜のみじん切り
　……各1かけ分
カレー粉……大さじ2
サラダ油……大さじ2
塩・粗挽き胡椒……各適量
温かいごはん……ごはん茶碗2杯分
添えの香菜……1束
添えのライム……適量

[作り方]
❶鶏もも肉は大きめのひと口大に切って、塩、胡椒、カレー粉をもみ込む。
❷じゃがいもは皮をむいて1個を4等分に切る。ホールトマトは手で潰す。
❸フライパンにサラダ油を熱し、玉ねぎを入れて炒め、弱火〜中火で蓋をして5分ほど蒸し炒めにする。
❹❸の玉ねぎがしんなりしたら、にんにく、生姜を加えて炒める。香りが立ったら鶏肉、じゃがいもを加えてさらに炒める。
❺肉の色が変わったら、水1/2カップを加えて煮立て、蓋をして中火で10分ほど煮る。❷のトマト、ココナツミルク、塩小さじ1/2を加え、蓋をせずにとろりとするまで10分ほど煮詰める。
❻最後に、塩、胡椒で味を調える。ごはんと共に器に盛り、香菜、ライムを添える。

Process

❶ 鶏もも肉に直接、塩、胡椒、カレー粉をもみ込む。

❹ 下味をつけた鶏肉、じゃがいもを加えてさらに炒める。

❺ トマト、ココナツミルクを加えてとろみがつくまで煮る。

Side

アジアンサラダ

[材料]
鶏ひき肉……50g
むきえび……4尾
香菜……1束
春雨(乾燥)……40g
紫玉ねぎ……1/4個
万能ねぎ……2〜3本
〈ドレッシング〉
　ナンプラー・ライムの
　　絞り汁……各大さじ2
　砂糖……大さじ1/2
　赤唐辛子の小口切り(種は除く)
　　……1本分
　にんにくのすりおろし
　　……少々
　塩・粗挽き胡椒……各適量

[作り方]
❶鶏ひき肉、厚みを半分に切ったえびは塩を加えた熱湯でそれぞれ2分ほど茹でて冷ましておく。
❷春雨は袋の表示に従って茹で、水気を絞る。香菜は3cmに切り、葉の一部を飾り用に取り分けておく。紫玉ねぎは薄切り、万能ねぎは4〜5cmに切る。
❸ボウルに〈ドレッシング〉を合わせ、❶、春雨、香菜を加えて混ぜる。最後に紫玉ねぎ、万能ねぎを加え、軽く和えて器に盛り、飾りの香菜をあしらう。

Process

❸ 春雨は調味してから時間がたつと水分が出るので、食べる直前に和える。

RECIPE 40 — Main

漬け刺身の
りゅうきゅう丼

刺身をゴマたっぷりの漬け汁で漬けた「りゅうきゅう」。
薬味が効いてごはんにぴったり。

ごはんもの

[材料]
青魚・白身魚の刺身……200g
〈漬け汁〉
 ｜醤油・みりん・酒……各大さじ2
きゅうり……1/2本
白すりゴマ……大さじ1
生姜のすりおろし……1かけ分
万能ねぎの小口切り……2〜3本分
刻みのり……適量
温かいごはん……ごはん茶碗2杯分

[作り方]
❶刺身は食べやすい大きさの細切りにし、〈漬け汁〉に30分ほど漬ける。
❷きゅうりは斜め薄切りにする。
❸❶に白すりゴマ、生姜を加えて和える。
❹器に1人分のごはんを盛り、刻みのりを散らす。❷のきゅうりを飾り、❸をのせてから万能ねぎを散らす。

Process

❶ 漬け汁によく漬けて味をしみこませる。刺身は青魚（あじ、さば、かんぱちなど）や白身魚（たいなど）なら何でもよく、数種類合わせても。

❸ 香りをつける白すりゴマ、生姜は後から加える。

Side

根菜の七味味噌汁

[材料]
ごぼう……1/2本
酢……少々
れんこん（小）……1/2節
長ねぎの斜め薄切り……10cm分
だし汁……2カップ
味噌……大さじ1 1/2
七味唐辛子……小さじ1/2

[作り方]
❶ごぼうは包丁の背を使って皮をこそげ、ささがきにして、酢を加えた水にさらす。れんこんは皮をむいて縦半分にしてから、薄切りにする（太ければ薄いいちょう切りに）。
❷鍋にだし汁を入れて、ごぼう、れんこん、長ねぎを入れて火にかけ、煮立ったら火を弱め2〜3分ほど煮る。
❸味噌を溶き入れ、最後に七味を加える。器に盛り、好みでさらに七味をふる。

Process

❶ ささがきごぼうは酢水にさらして、アクを取る。

❸ 根菜のだしが出るので味噌は少なめ。七味はたっぷりと。根菜はにんじん、さといもなどでも。

RECIPE 41 — Main

しらすの和風パスタ

ゆず胡椒で辛味を加えたペペロンチーノ風。
薬味は最後に散らしてシャキシャキをキープ。

めんもの

[材料]
スパゲティ……160g
しらす……40g
青じそ……5枚
長ねぎ（白い部分）……10cm
みょうが……2個
にんにくのみじん切り……1かけ分
ゆず胡椒……小さじ1/2
塩……大さじ1
白炒りゴマ……大さじ1
オリーブ油……適量

[作り方]
❶青じそは細切り、長ねぎはせん切り、みょうがは小口切りにしておく。
❷鍋に1.5ℓ強の湯を沸かして塩を加え、スパゲティを袋の表示より2分短く茹でる。
❸❷と同時進行でフライパンにオリーブ油、にんにくを入れて弱火で熱し、香りが立つまでじっくりと炒める。❷の茹で汁をお玉1杯ほど入れてよく混ぜる。
❹茹で汁はお玉もう1杯分取り分けておく。スパゲティが茹で上がったら湯を切ってフライパンに移し、追加で取り分けた茹で汁とゆず胡椒を加えてよく混ぜながらからめる。
❺❹を器に盛り、❶の薬味を散らし、しらすをのせる。最後に白炒りゴマも散らして、オリーブ油を回しかける。

Process

❶ 薬味野菜はそれぞれに切っておく。

❹ フライパンにスパゲティを入れたら、茹で汁お玉1杯分を追加。ソース代わりになり塩気も加わる。

❹ スパゲティを少し寄せてフライパンを手前に傾けて水分を集め、そこにゆず胡椒を入れて溶かしてから全体にからめる。

Side

豆腐とおくらの明太和え

[材料]
木綿豆腐……1/2丁
おくら……5本
明太子……1/2腹
マヨネーズ……大さじ1
醤油……少々
塩……適量

[作り方]
❶木綿豆腐はペーパータオルで二重に包み、そのまま電子レンジに2分ほどかけてしっかりと水切りをする。1〜2cmの角切りにする。
❷おくらはガクを包丁でむき、塩少々でもんでうぶ毛を取る。鍋に湯を沸かし、塩少々を加えて1分ほど茹でる。水気を切って、2cmに切る。
❸明太子の薄皮を取ってほぐし、ボウルに入れてマヨネーズ、醤油を加えてよく混ぜる。豆腐、おくらを加えて和える。

Process

❷ おくらの固いガクは包丁でむく。

RECIPE 42 — Main

本格ソース焼きそば

具とめんは別々に炒めて「べちゃっと」を防止。
めんに下味をつけるのでしっかりした味。

めんもの

[材料]
焼きそば用蒸しめん……2玉
〈下味〉
　酒……大さじ3
　醤油……小さじ1
豚バラ薄切り肉……120g
玉ねぎ……1/2個
キャベツの葉……2〜3枚ほど
もやし……100g
塩・粗挽き胡椒……各少々
〈ソース〉
　ウスターソース……大さじ1
　醤油・オイスターソース
　　……各大さじ1/2
　酒……大さじ2
サラダ油……大さじ2
ゴマ油・仕上げ用醤油……各小さじ1
削り節……ひとつかみ
青のり・紅生姜……各適量

[作り方]
❶めんはさっと洗ってザルに上げて水気をよく切り、〈下味〉をなじませておく。
❷玉ねぎは1cmのくし切りにし、キャベツはひと口大に切る。豚バラ肉もひと口大に切って、塩、胡椒をふる。
❸フライパンにサラダ油大さじ1を熱し、豚バラ肉を並べてこんがりと焼き、玉ねぎ、キャベツを加えてさっと炒めて取り出す。
❹同じフライパンにサラダ油大さじ1を足し、めんを入れてほぐしながら炒める。❸の具を戻し、合わせておいた〈ソース〉を入れてめんに味を吸わせるように炒める。
❺もやしを加え、削り節半量、ゴマ油、仕上げ用の醤油を加えて全体を混ぜ合わせる。
❻器に盛って青のりをふり、残りの削り節をのせ、紅生姜を添える。

Process

❶ 焼きそば用蒸しめんはくっつかないように油をまとわせてあるので、軽く洗っておく。

❸ 水気の出る具は先に炒めて、取り出す。

❹ めんはほぐしながら、焼きつけるように炒める。

Side

焼き枝豆

[材料]
枝豆……1袋
塩……適量

[作り方]
❶枝豆は両端をキッチンばさみなどで切り、塩でもんでからさっと洗う。
❷フライパンを中火で熱し、枝豆を入れてさっと乾炒りし、蓋をする。
❸蓋をしたままフライパンをゆすりながら2分ほど蒸し焼きにし、蓋を取って強火にして軽く焼き色がつくまで焼く。器に盛り、塩をふる。

Process

❶ 枝豆は塩でもむと、まわりのうぶ毛も取れる。

❸ 蒸し焼きにすると、茹でるよりも凝縮したうまみが味わえる。最後に蓋を取ってこんがり焼いて香ばしさもプラス。

91

RECIPE 43 — Main

鶏ささみの冷やし中華

ささみの茹で汁で作った手作りだれと
具だくさんのごちそう冷やし中華。

めんもの

[材料]
鶏ささみ……3本
えび(殻つき)……6尾
ロースハム……2〜3枚
きゅうり……1本
トマト……1個
茹で卵……1個
中華めん(冷やし中華用)……2玉
ゴマ油……少々
酒・塩……各適量
マヨネーズ・練り辛子・
　紅生姜……各適量
〈たれ〉
　醤油……70㎖
　酢……大さじ3
　砂糖……大さじ2
　みりん・ゴマ油
　　……各大さじ1/2
　白炒りゴマ……大さじ1/2
　生姜のすりおろし
　　……1かけ分

[作り方]
❶鶏ささみは塩少々を加えた熱湯に入れ、弱火で2〜3分茹でて取り出し、粗熱を取ってほぐす。茹で汁は〈たれ〉に使う。
❷鍋に❶の茹で汁大さじ2、〈たれ〉の材料のうち醤油、砂糖、みりんを加えてひと煮立ちさせ、残りの〈たれ〉材料をすべて入れてよく混ぜ、冷蔵庫で冷やしておく。
❸えびは殻をむいて背ワタがあれば取り、塩、酒を加えた湯でさっと茹でて取り出す。
❹ハムは5㎜、きゅうりも斜め薄切りにしてから5㎜の細切りに、トマトは縦半分に切ってから5㎜の半月切りにする。茹で卵は半分に切る。
❺中華めんは袋の表示に従って茹でてザルに上げ、流水でよく洗って水気をしっかり絞ったら、ゴマ油をからめておく。
❻めんを器に移し、具を彩りよく盛り付ける。冷やしておいたたれを回しかけ、紅生姜をのせ、マヨネーズ、練り辛子を添える。

Process

❶ ささみは弱火で2〜3分茹でる。茹で汁は鶏だしとしてたれに使う。

❷ たれの材料をすべて合わせたら、粗熱を取ってから冷蔵庫でよく冷やす。

❺ 茹でためんは流水でよく洗うことで、冷やしながらぬめりも取る。よく水を絞ったらゴマ油少々をからめておくとくっつかない。

Side

とうもろこしと 桜えびのかき揚げ

[材料]
とうもろこし……1本
桜えび……大さじ2
小麦粉……大さじ4
揚げ油……適量
塩……適量

[作り方]
❶とうもろこしは生のまま実を包丁でこそげ取る。
❷ボウルに❶と桜えびを入れて水大さじ4を加えて混ぜる。小麦粉、塩少々をふり入れて、まぶすように混ぜる。
❸揚げ油を中温に熱し、❷をスプーンでまとめて入れ、からりと揚げる。器に盛り、つけ塩を添える。

Process

❷ とうもろこしと桜えびにまず水を加えて混ぜ、小麦粉をつきやすくする。

❷ 仕上がりがもったりと重くならないように、小麦粉はつなぎ程度に少なめ。

84 RECIPE INDEX

煮る

かぶと手羽中のあっさり煮	10
本格ビーフシチュー	24
ロールキャベツトマト煮	32
塩肉じゃが	40
五目中華煮	46
柔らか煮豚	50
白菜と豚バラの旨煮	52
いわしの梅煮	54
さばのあっさり野菜煮	58
油揚げとにんじんの煮物	65
かれいとごぼうの煮つけ	66
たいのみぞれ煮	70
薬膳風チキンカレー	76
チキンスパイス煮	84

炒める

キャベツときぬさやの塩炒め	15
レバニラ炒め	16
牛肉とピーマンのオイスターソース炒め	18
こんにゃくとおかか醤油炒め	21
牛肉と玉ねぎの醤油炒め	22
ブロッコリーのアンチョビ炒め	29
緑野菜の和風麻婆	30
本格ゴーヤチャンプルー	34
れんこん黒酢豚	42
青菜炒め	43
豚バラとれんこんのゆず茶炒め	48
春菊と牛肉の炒めごはん　とろとろ卵のっけ	78
本格ソース焼きそば	90

揚げる

フライドチキン	12
えびと小松菜の春巻き	17
もずくの天ぷら	35
サーモンのポテトコロッケ	60
さといものから揚げ	63
ぶりカツすだちポン酢	64
さけと野菜の揚げびたし	72
とうもろこしと桜えびのかき揚げ	93

ソテー・焼く

骨付きガーリックチキン	8
厚揚げの田楽	11
ニラたっぷり手羽餃子	14
根菜の牛肉巻き焼き	20
ごぼうの鶏つくね	26
ポテトミートグラタン	28
豚のねぎ生姜あんかけ	36
キャベツの豚バラ巻き蒸し（蒸し焼き）	38
蒸しレタスの中華風（蒸し焼き）	51
あさりとまいたけのにんにく蒸し（蒸し焼き）	62
たいのソテー　あさりのゆずクリームソース	68
焼き枝豆	91

全84品 INDEX

蒸す
茶碗蒸し ……………………………… 67

漬ける
醤油煮卵 ……………………………… 19
トマトのはちみつレモンマリネ ……… 37
きのこの醤油漬け …………………… 41
辣白菜 ………………………………… 47
きゅうりとキャベツの昆布酢漬け …… 77
だいこんの醤油漬け ………………… 79
漬け刺身のりゅうきゅう丼 …………… 86

のせる・かける
刻み野菜の冷奴 ……………………… 55
菜の花の豆腐ソース ………………… 71
まぐろのユッケ丼 ……………………… 74
しらすの和風パスタ …………………… 88
鶏ささみの冷やし中華 ……………… 92

サラダ・和える
プチトマトと枝豆のカッテージチーズサラダ …… 9
シーザーサラダ ……………………… 13
カリフラワーのわさびマヨサラダ …… 23
なめらかふわふわマッシュポテト …… 25
ぶつ切りたことパセリのサラダ …… 33

かぼちゃのカレーヨーグルトサラダ …… 39
わかめとうずらの酢味噌和え ………… 45
揚げワンタンのぱりぱりサラダ ……… 59
三つ葉とニラの辛いサラダ …………… 81
アジアンサラダ ……………………… 85
豆腐とおくらの明太和え ……………… 89

スープ・汁
いかの冷汁 …………………………… 56
さつまいものミネストローネ ………… 61
炒めわかめスープ …………………… 75
だいこんチキンクッパ ………………… 80
たいのあらとだいこんのスープ ……… 83
根菜の七味味噌汁 …………………… 87

炊き込みごはん
雑穀黒豆栗ごはん …………………… 27
春にんじんの炊き込みごはん ……… 31
かきの炊き込みごはん ……………… 49
豆もやしの炊き込みごはん ………… 57
ベーコン入りトマトチーズリゾット …… 69
木の芽風味の簡単たいめし ………… 82

鍋
豚バラとキャベツのモツ鍋風 ………… 44

料理研究家 コウケンテツ

大阪府出身。旬の素材を生かした簡単でヘルシーなメニューを提案。テレビや雑誌、講演会など多方面で活躍中。一男一女のパパでもあり、自身の経験をもとに、親子の食育、男性の家事・育児参加、食を通してのコミュニケーションを広げる活動に力を入れている。

ホームページ：http://www.kohkentetsu.com/

初出：『週刊新潮』連載
「コウケンテツの健康ごはん塾」
（2014年2月〜）より抜粋、再編集

今日、なに食べたい？

発　行　2015年10月30日

著　者　コウケンテツ
発行者　佐藤隆信
発行所　株式会社新潮社
　　　　〒162-8711　東京都新宿区矢来町71
　　　　電話　編集部　03(3266)5611
　　　　　　　読者係　03(3266)5111
　　　　http://www.shinchosha.co.jp

調理アシスタント：色井 綾
撮影：古市和義
スタイリング：深川あさり　阿部まゆこ

アートディレクション：細山田光宣
デザイン：天池 聖（細山田デザイン事務所）

印刷所　大日本印刷株式会社
製本所　大口製本印刷株式会社

©Kentetsu Koh 2015, Printed in Japan
ISBN978-4-10-336072-8 C0077

乱丁・落丁本はご面倒ですが小社読者係宛お送りください。
送料小社負担にてお取替えいたします。
価格はカバーに表示してあります。